O TRAÇO DÁ IDEIA

Bases para o projeto arquitetônico

CB021362

Livros do **autor**

A Invenção do Projeto

ISBN: 978-85-212-0007-9
132 páginas

A Perspectiva dos Profissionais

ISBN: 978-85-212-0542-5
164 páginas

Desenho Arquitetônico

ISBN: 978-85-212-0291-2
176 páginas

Desenho de Projetos

ISBN: 978-85-212-0426-8
128 páginas

Geometria Descritiva - Vol. 1

ISBN: 978-85-212-0981-2
126 páginas

Geometria Descritiva - Vol. 2

ISBN: 978-85-212-0919-5
120 páginas

www.blucher.com.br

Gildo Montenegro

O TRAÇO DÁ IDEIA

Bases para o projeto arquitetônico

O traço dá ideia: bases para o projeto arquitetônico

© 2016   Gildo Montenegro

Editora Edgard Blücher Ltda.

Blucher

Rua Pedroso Alvarenga, 1245, 4º andar
04531-934 - São Paulo - SP - Brasil
Tel.: 55 11 3078-5366
contato@blucher.com.br
www.blucher.com.br

Segundo o Novo Acordo Ortográfico, conforme 5. ed. do *Vocabulário Ortográfico da Língua Portuguesa*, Academia Brasileira de Letras, março de 2009.

É proibida a reprodução total ou parcial por quaisquer meios sem autorização escrita da Editora

Todos os direitos reservados à Editora
Edgard Blücher Ltda.

FICHA CATALOGRÁFICA

Montenegro, Gildo
    O traço dá ideia : bases para o projeto de arquitetura / Gildo Montenegro. – São Paulo: Blucher, 2016.
150 p. : il.

    ISBN 978-85-212-1016-0

    1. Arquitetura 2. Desenho 3. Projeto Arquitetônico I. Título

16-0122   CDD 720

Índice para catálogo sistemático:
1. Arquitetura

Apresentação

"Este livro foi planejado para substituir os 'Dez livros de Arquitetura' de Vitrúvio e sua atualização — quase 1500 anos depois — por Leon Battista Alberti ('Da Arte de Construir') em 1440. Em 1200, Villard de Honnecourt havia publicado as primeiras <u>ilustrações de detalhes construtivos</u> e geométricos (ausentes nos dois tratados citados), antes da imprensa, consequentemente com pouca divulgação.

São três obras antigas, redigidas em linguagem que hoje parece esotérica, e restritas a 33 páginas de ilustrações de Honnecourt.

O livro que o leitor tem em mãos supera tudo o que foi publicado naqueles dois milênios e contém mais de 115 páginas de ilustrações."

Nesta altura do pesadelo, acordei atônito pela visão infernal (*), pois minha pretensão é bem mais modesta.

Este é um livro de apoio para os iniciantes em Arquitetura. O leitor tem aqui exemplos da prática de projetos e um desfile de observações da vivência de seis décadas em escritórios de Arquitetura e em galpões de obras, sem nada de refinados conceitos teóricos.

Por que o fiz?

Já aposentado, percebi o hiato entre as falas magistrais e os problemas nos canteiros de obras. Assim, este livro aponta caminhos que profissionais de Arquitetura, de Engenharia e de Edificações poderão escolher e trilhar do seu jeito.

Bom proveito!

Gildo Montenegro

(*) Segundo um psiquiatra, esta modalidade de surto pode ocorrer após um período estafante de trabalho (organizar livro, por exemplo) e não necessita de fármacos; para a sua cura, basta o repouso normal.

Agradecimentos

Este livro se tornou possível graças as contribuições valiosas dos(as) arquitetos(as)

Eduardo O. Bastos
Fernando Bensabat
Carlos Alberto Carneiro da Cunha (*Camiseta*)
Roberto Freitas

Bruno Braga
Beatriz Bensabat
Carmen Cavalcanti
Paulo Oliveira

Dois ex-alunos meus que ajudaram com a leitura, correção e sugestões para o livro, assim como Edward T. White e Eduardo Blücher, engenheiro e pai da ideia deste livro, que se mostrou enorme desafio diante do âmbito da tarefa.

Apesar de persistente, eu teria ficado no meio do caminho, pois um livro desta grandeza é tarefa demasiada para um só individuo. Por isso, reforço meus agradecimentos às pessoas mencionadas anteriormente.

Créditos

Autor(a) e páginas que desenhou:

- Eduardo Bastos, pp. 17, 33, 34, 56, 87 a 92.
- Fernando Bensabat, pp. 8, 60, 95 a 100.
- Beatriz Montenegro, pp. 8, 101 a 107.
- Bruno Braga, pp. 81 a 86.
- Carmen Cavalcanti, pp. 108 a 113
- Carlos Alberto Carneiro da Cunha (*Camiseta*), p. 7.

Flavia Trajano de Freitas, que fez a diagramação do Capítulo 3 a partir dos desenhos e textos de cada autor.

O restante das páginas são traços do autor do livro, com seus tremores de mão e sua cuca, trêmula e fatigada, respectivamente.

Introdução

Muitas cidades são um amontoado de construções com mínima organização e nelas prevalece o caos, mais comumente o visual. Nosso olho se habitua à exposição repetida, e nós não recebemos adequada informação; sem isso, as pessoas são incapazes de apreender conceitos básicos, e, sem eles, nós não vemos – olhamos, mas não vemos. Olhamos a areia na praia, mas não percebemos que os grãos de areia são pequenos poliedros que decompõem a luz em diversas cores. Somos diferentes da criança, que vê, porque ela é intuitiva e ainda capaz de se maravilhar com coisas pequenas.

Se perguntarmos a um adulto qual a cor da sombra, ele dirá que é cinza ou preta. Um gramado ao ar livre aparenta ser verde amarelado, mas, em áreas de sombra, a grama é uma mistura de verde e violeta (a cor complementar). O pintor sabe disso e aplica as cores adequadas; o leigo olha, mas não vê... porque ele ignora o conceito de luz.

Se queremos melhores ambientes, cidades agradáveis, temos de educar as pessoas, e o caminho para fazê-lo são as crianças. Por isso, este livro foi escrito em linguagem acessível aos pequenos de todas as idades, aos seus pais e avôs/avós.

Afinal, nosso mundo é visual e gráfico!... Como este livro.

Esboço, croqui ou Desenho à mão livre

Os mais antigos e conhecidos **croquis** de projeto são os de Leonardo da Vinci. Supõe-se que os arquitetos e construtores antes dele faziam esboços em materiais perecíveis e que, por esse motivo, se perderam.

Mais tarde, na Escola de Belas Artes de Paris faziam-se esboços (*esquisse*) de projetos, e seu uso espalhou-se pelo mundo, pois era um meio simples de **registrar** a essência do projeto, a ser posteriormente representado em plantas, cortes, fachadas e perspectivas.

Trata-se de uma caixa de Pandora! Se ela pode trazer benefícios ligados à queima de etapas na concepção do projeto, pode, por outro lado, ser uma quimera, pois é possível que ela leve o projeto a se transformar em MONTAGEM de pedaços com conexões físicas, mas sem relação de continuidade ou de unidade. Contudo, a velocidade e a comodidade dessa montagem tornam as ferramentas digitais uma peça básica no projeto.

Essa mudança merece ser analisada em seus aspectos culturais e éticos. Há algo como cinco milhões de anos, uma nova espécie começou a se desenvolver a partir do macaco, e surgiu o que viria a ser *Homo sapiens*. Foi nesse tempo que ocorreu um salto quantitativo e cultural a partir da junção de diferentes aptidões e sentidos (mão, mente e visão), originando instrumentos novos e a linguagem falada.

Esta sequência do esboço à representação exata vem de muitos séculos, talvez milênios. Agora uma mudança começa a ocorrer. O projeto pode ser iniciado na tela graças aos recursos computacionais, que passam a ser os "andaimes" do projeto e podem dispensar o esboço prévio, que antes ocorria na mente.

1

O sistema educacional ainda não reconheceu a atuação da mão no desenvolvimento cultural do homem, apesar de os princípios biológicos que comandam o processo cognitivo decorrerem sobretudo de essa parte do corpo ter sido a alavanca da vida inteligente. Essa postura do sistema de ensino pode estar embasada no fato de a Neurobiologia apenas ter começado a explorar os vínculos entre cognição, habilidade (inclusive manual) e comunicação.

A Geometria, antes de ser um ramo da Matemática, deixou traços há milênios, dando origem à Arte ou dela se originando. Trata-se de tradição milenar e, graças a ela, nosso mundo é predominantemente visual.

Uma herança desse porte não pode ser substituída por ferramentas computacionais pelo simples fato de que elas alteram o ato de projetar. Dedilhar teclas e optar por figuras na tela pouco tem a ver com a essência do ato de CRIAR, pois isso é pura cópia e colagem que joga no lixo a ética de uma profissão.

É óbvio, porém, que, no estágio mais adiantado do projeto, estando já definido o partido e o próprio projeto modelado, o computador e seus programas se mostram de enorme eficiência, velocidade e comodidade se comparados com o trabalhoso desenho instrumental.

Por isso, endossamos a proposta de que projeto é uma concepção da mente humana, e a mão faz a ponte entre a ideia e sua representação por traços e imagens físicas, permitindo comunicar a ideia original a outra mente, seja por lápis e papel, seja pelo monitor de imagens.

Desse modo, começar um projeto por apertar botões e optar por figuras armazenadas em um programa anula o ato de projetar, pois o projetista abdica de sua concepção pessoal em benefício da comodidade, sem perceber que passa a ter **papel passivo** nesse ato.

Notáveis estudos foram realizados sobre a atuação da mão e do cérebro no campo da música, do teatro, da fabricação de ferramentas, da linguagem, dos títeres (bonecos), da cirurgia, da mágica e do malabarismo. Nada, porém, a respeito do desenho como expressão gráfica!

Ver apêndice na p. 12.

É óbvio, no entanto, que não podemos rejeitar *a priori* uma tecnologia nova; até para não cair no extremo de rejeitar seu lado bom. Lembramos, como exemplo, a postura de Leibniz a respeito do livro impresso, a tecnologia surgida no século XVI; o matemático, comentando a massa de livros publicados, profetizou que ela levaria à má qualidade desses materiais e, em seguida, à barbárie. Erro duplo.

A alternativa no ato de fazer o projeto talvez seja utilizar os recursos do armazenamento de imagens digitais como ampliação do vocabulário pessoal das imagens arquivadas em algum recanto da mente. Assim, podemos justapor e manipular formas, ideias e dados que, de outra forma, frustrariam o cérebro pela sua vastidão.

Nosso vocabulário visual raramente é cópia de uma imagem. O simples ato de **ver** implica em **adaptar** a imagem a padrões que envolvem a experiência individual, de modo que a imagem original, ao ser memorizada, é, de alguma forma, uma caricatura ou visão que tem a marca pessoal; portanto ela deixa de ser **cópia**!

Esta posição reflete a lição de Maquiavel: se o adversário é muito forte, associe-se a ele.

Vale recordar, ainda uma vez, que nosso cérebro não é um receptor passivo, já que a educação e a experiência alteram seu funcionamento, tanto para pior como para melhor; a opção é nossa. A opção de aprender se faz a partir de um episódio marcante ou uma experiência que dispare o processo educacional. A educação faz o resto.

Todas as pessoas nascem com enorme potencial mental e podem adquirir destrezas quando se interessam pelo que fazem. A missão do professor é disparar o processo de crescimento pessoal.

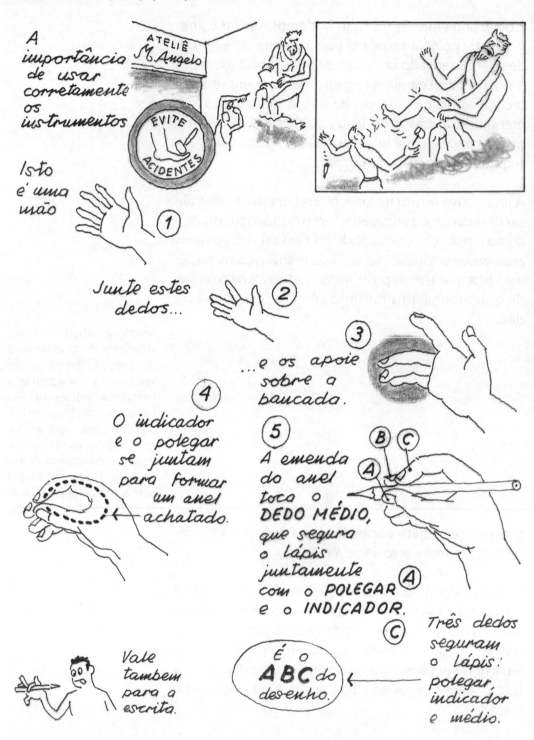

A importância de usar corretamente os instrumentos

ATELIÊ M. Angelo

EVITE ACIDENTES

Isto é uma mão ①

Junte estes dedos... ②

③

...e os apoie sobre a bancada.

④ O indicador e o polegar se juntam para formar um anel achatado.

⑤ A emenda do anel toca o DEDO MÉDIO, que segura o lápis juntamente com o POLEGAR e o INDICADOR.

Ⓐ Ⓑ Ⓒ

Ⓒ Três dedos seguram o lápis: polegar, indicador e médio.

Vale também para a escrita.

É o ABC do desenho.

Chegou a hora de agir, de desenhar. Nas quatro páginas a seguir, estão amostras de texturas gráficas – em duas páginas – e exemplos de aplicação em desenhos.

TEXTURAS ①

O desenhista deve experimentar estas e outras, dando preferência às que mais o agradam.

Material	Orientação	Exemplo

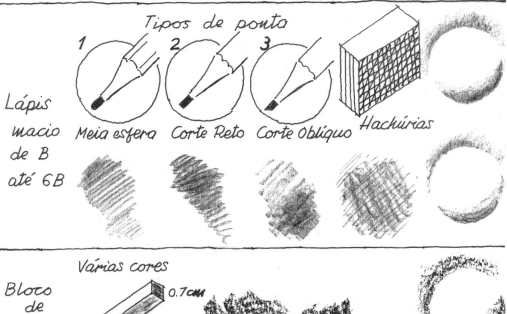

Lápis macio de B até 6B — Tipos de ponta: 1 Meia esfera, 2 Corte Reto, 3 Corte Oblíquo — Hachúrias

Bloco de Crayon — Várias cores — 0,7cm — 5,4 cm

Pincel — Com nanquim e raspagem

Com dedo — Esfumaçamento ou gradação — antes — depois

TEXTURAS ②

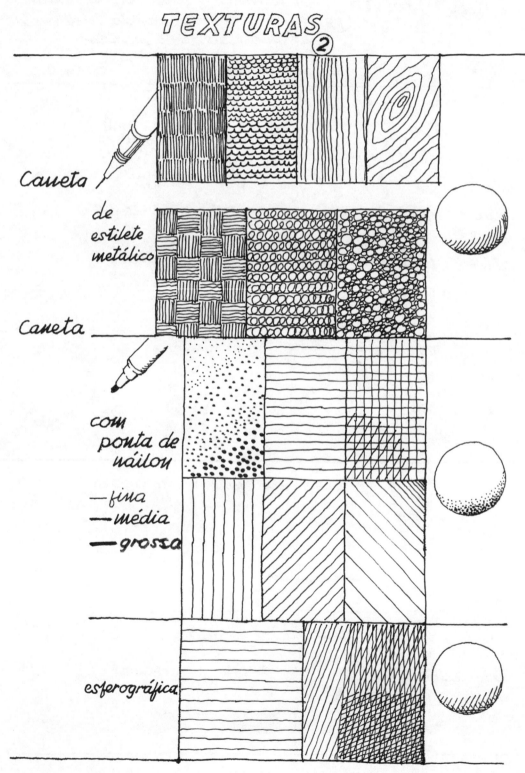

Caneta

de estilete metálico

Caneta

com ponta de náilon

— fina
— média
— grossa

esferográfica

PARA QUE DESENHAR?

Para representar ideias.

SEM QUEBRAR, BOTE O OVO EM PÉ!

Desenho é instrumento de

1ª NECESSIDADE para

ILUSTRADORES
Projetistas
ARTISTAS
RABISCADORES

de Arquitetura
Engenharia
Programadores
Visuais
de Produtos
...

que embelezam cadernos com imagens e garatujas

grafiteiros

TODO MUNDO DESENHA E...

... TODO MUNDO SABE DESENHAR!

O japonês Hiroshigi começou a pintar aos 80 anos e veio a ser um dos grandes mestres do seu país.

Existe um impulso interior para riscar, deixar traços. A maioria das pessoas ignora que estes rabiscos ou garatujas trazem sua marca pessoal, traduzindo de modo espontâneo, o estado interior...

... como os desenhos da criança, aquela criança que está dentro de nós, às vezes sufocada por regras sociais e familiares. Os rabiscos que afloram espontaneamente expressam alegrias, angústias, emoções e sentimentos.

Nosso mundo é visual, porém o desenho pode ficar restrito à arte acadêmica ou a um eventual modismo. Quem não se adapta a esse padrão julga-se incapaz de desenhar. Isso é engano! Essa pessoa não sabe desenhar **daquele jeito**, mas tem seu traço pessoal, que nem todos sabem valorizar.

Quando alguém se prende ao que está em voga, ocorre uma sujeição, velada ou aberta, à moda da tribo. Uma alternativa para você não cair nessa armadilha é: **"FAÇA DO SEU JEITO"** e deixe fluir o seu eu. Assim, o desenho será fonte de satisfação, sua ou de outros, não importa. Além do mais, o desenho vai ajudá-lo a aprender, a pensar e a comunicar.

Desenhar é uma habilidade que se pode aprender. Há quem tenha o talento natural (que deve ser estimulado), contudo, **qualquer pessoa que escreve pode desenhar**. Claro que essa atividade exige treinamento, persistência e prática, como você fez para caminhar, ler, escrever e andar de bicicleta. Desenho é uma habilidade que se aprende… com a prática!

A criança gosta de desenhar; só mais tarde o desenho será relegado a um plano secundário. Então por que não continuar representando seus sonhos, suas fantasias, suas visões do mundo? Essa é uma experiência positiva em qualquer idade!

PIXOTE
(Menino
indócil)

MANCHA

LA MANCHA (?)

Queremos aqui valorizar o desenho como linguagem, independentemente de sua utilização posterior como ferramenta de trabalho para fins profissionais ou artísticos; aí se trata do desenho para criar ideias e comunicar(-se).

Linguagem é um meio de expressar ideias e sentimentos usando:
- movimentos;
- símbolos;
- ou sons.

Poucos autores se referem ao desenho como meio de expressar sentimentos e emoções e como isso pode ser aplicado aos problemas pessoais.

A **motivação** para desenhar é que ele desenvolve

① A MEMÓRIA
A imagem é mais facilmente retida do que a palavra.

A habilidade manual tem relação direta com a inteligência, pois talvez lhe tenha dado origem.

② A IMAGINAÇÃO
O papel aceita tudo aquilo que for riscado.

③ A OBSERVAÇÃO
Para desenhar você precisa ver os detalhes e o global.

Consultar bons autores é recomendado desde que o iniciante esteja consciente de que as obras escolhidas como referência foram feitas por artistas de alta categoria e que chegaram aí depois de muitos anos de **prática**.

Acentuamos a palavra **PRÁTICA**, pois somente a repetição leva ao automatismo e à espontaneidade do traço. Assim, o leitor deve ter o hábito de desenhar diariamente e a todo momento: cadeiras, jarros, plantas, flores, pessoas, animais, objetos caseiros, prédios, automóveis, tudo o que estiver ao seu redor. A melhoria do traço, seu automatismo e sua segurança vem da repetição. Poucas pessoas desenham bem desde os primeiros traços: há que ter persistência, gastar (?) lápis e papel até criar o hábito do traço... mais do que ficar dedilhando o celular ou o computador.

Para melhorar essa habilidade, existem livros com exercícios e roteiros para desenhar, desde o de Kimon Nicolaides, que pretende fazer do leitor um artista praticante, até revistas vendidas em bancas de rua, que orientam o leitor a copiar os mangás japoneses, ou seja, modismo.

No apêndice que segue, o arquiteto e professor Fernando Bensabat trata do processo de concepção do projeto e de sua representação computacional.

OK 0:1

Em 1986, algumas escolas portuguesas foram dotadas de computadores pessoais. Deveu-se esta iniciativa ao Departamento de Educação da Faculdade de Ciências da Universidade de Lisboa (DEFCUL) que, por meio do Projeto Minerva, procurou introduzir, de forma estruturada, as Novas Tecnologias da Informação (NTI) como prática corrente da vida de toda a comunidade escolar (docentes, discentes e técnicos auxiliares).

Esses computadores, na sua maioria Sinclair ZX Spectrum, tinham 16 KB de ROM e 48 KB de RAM. O seu aspecto era o de uma caixa de chocolates vazia cuja tampa ficava quase integralmente ocupada por um teclado de teclas de borracha. O computador (aliás como acontece com os atuais) não fazia absolutamente nada se não introduzíssemos nele um programa que realizasse o que pretendíamos que fosse feito. A parte mais empolgante da tarefa de programação era a introdução dos blocos de código no computador. Antes de os correr, a máquina fazia uma verificação prévia da correção da sintaxe e, caso estivesse tudo bem, emitia uma mensagem de confirmação: "OK 0:1".

Tive ocasião de elaborar alguns programas, entre os quais um de alteração de formas por meio da transformação da sua malha geradora (de ortogonal para oblíqua, com diferentes escalas nos eixos coordenados, de retangular para cônica etc.), mas os resultados gráficos sempre deixaram muito a desejar.
Sensivelmente por essa altura, ou mesmo antes, já muitos organismos do Estado e algumas empresas de grande porte possuíam grandes computadores (literalmente falando) capazes de executar programas bastante complexos. Um caso que julgo paradigmático é o de um tipo de sistema CAD, o CATIA, da IBM, desenvolvido pela Dassault Systems, um *software* destinado à indústria aeroespacial francesa. A sua função era calcular e modelar a forma da fuselagem dos caças franceses *Mirage*, tendo sido igualmente utilizado como ferramenta de desenho computadorizado pelas empresas Boeing, Daimler-Chrysler e Canadair, entre outras.

Foi esse programa que o arquiteto Frank Gehry usou para obter modelos virtuais tridimensionais para o projeto do Museu Guggenheim de Bilbao. A produção desse projeto iniciou-se pela construção de um modelo físico, recorrendo-se a volumes simples que eram arrumados de modo a buscar uma forma adequada. Esse processo era vincadamente interativo, com participação constante do cliente e de todos os técnicos do escritório de Gehry envolvidos no trabalho (arquitetos, designers, maquetistas, supervisores de projeto, técnicos de CATIA e CAD etc.).

A fase seguinte consistiu na realização, a partir do modelo adotado, de sucessivos desenhos por parte do arquiteto, até o resultado parecer satisfatório, procedendo-se, seguidamente, a partir deste último esboço desenhado, à construção de uma maquete tridimensional em madeira de balsa e papel. Também esse modelo foi reajustado várias vezes até expressar a imagem conceitual pretendida.

Uma vez terminada essa fase experimental, executou-se um modelo final, em madeira de balsa e alumínio, que foi digitalizado, com recurso a uma espécie de caneta laser, dando origem a um modelo virtual preliminar. Depois de concluído, esse modelo foi "afinado" de modo a satisfazer a viabilidade técnica de construção e a enquadrar-se nas restrições orçamentais. Reconstruiu-se, finalmente, o modelo físico tridimensional de acordo com as especificações do computadorizado, e este permanente vaivém entre a realidade física e a realidade virtual foi sempre acompanhado pelo arquiteto, pelos seus colaboradores e pelo cliente. Resta acrescentar que os dados numéricos obtidos a partir da digitalização da maquete serviram para mais de 40 mil perspectivas elaboradas pelo CATIA para efeitos projetuais, tendo o programa produzido igualmente os desenhos bidimensionais do projeto executivo. Essa tarefa teria, seguramente, exigido alguns anos de trabalho se realizada pelos meios tradicionais, "décadas", estimaram (ou sobre-estimaram?) os técnicos do gabinete de Gehry. Refira-se que, tendo-se iniciado em 1992, a construção do museu terminou em 1997.

Como se pode facilmente deduzir por esse exemplo, a diferença entre o ZX e os computadores atuais é abissal, a ponto de termos hoje desempenhos em que não acreditaríamos ontem (não seria de espantar termos, a curto prazo, projetos elaborados por comandos de voz). A capacidade de trabalho e a qualidade da produção fazem do desenho computadorizado um instrumento muito poderoso que não pode ser ignorado.

No entanto, a questão sobre a indispensabilidade do desenho "feito à mão", sobretudo na fase exploratória de construção e sedimentação de ideias, continua a ser atual. *"Será útil insistir hoje em gastar tempo em desenhos 'feitos à mão' quando os computadores podem fazê-los de forma mais rápida e rigorosa e, inclusive, alterá-los depois com relativa facilidade [...]",* questiona Bernard Parzysz, professor emérito na Université Paris. *"[...] O computador é, certamente, um importante auxiliar mas, além da sua utilização envolver também uma aprendizagem, o esboço manual é mais 'educativo' do que simplesmente olhar para a tela de um monitor. Mesmo hoje, produzir manualmente desenhos capazes de representar uma ideia (e até resolver problemas geométricos) não é obsoleto [...]",* tendo em conta o funcionamento intenso do mecanismo mental de *"output/input"* envolvido nessa atividade.

O envolvimento entre o cérebro, o olhar e a mão contém uma virtualidade criativa imensa, já que põe em contato íntimo duas instâncias que nem sempre coabitam de forma pacífica. Refiro-me ao pensamento em regime de "*black box*", que recorre a dados provenientes da esfera estritamente íntima, com todas as suas influências não objetiváveis nem mensuráveis, e ao trabalho desempenhado em regime de "*glass box*", constituído por mecanismos racionalmente controláveis e tendencialmente controladores.

Essas duas instâncias, independentemente de outros fatores, encontram-se sempre presentes em toda a atividade criativa. Segundo Beatriz Montenegro (2003), "[...] *durante o processo criativo, o desenho tem a função de promover o diálogo interior do arquiteto com ele mesmo. No instante em que as imagens mentais são traduzidas em imagens gráficas, é iniciado o processo de transformar a ideia em um objeto concreto. Durante essa elaboração, se alteram a forma e a matéria das ideias iniciais e, à medida que a ideia passa por diversas fases para se consolidar e adquirir consistência, vai assimilando outras ideias contidas em novos fatores contextuais que aparecem na medida em que o processo continua. Embora se possa fazer uso do desenho codificado nesta etapa, este desenho pode ser mais livre, mais pessoal, principalmente nos primeiros instantes da criação, quando as ideias não são ainda precisas*". É precisamente esta a virtualidade "educativa" que mencionei anteriormente e que se traduz por uma interação entre desenho e pensamento, permitindo uma progressiva ascensão na complexidade e na compreensão da solução arquitetônica proposta.

Fontes:
PARZYSZ, Bernard (1991). **Representation of Space and Students conceptions at High School Level**. Educational Studies in Mathematics, Paris, v. 22, pp. 575-593, dez. 1991.

MONTENEGRO, Beatriz. **A utilização dos meios tradicionais e do CAD no desenho arquitetônico**. Recife, 2003. Monografia (Especialização); Universidade Federal de Pernambuco, 2003.

Alternativ'as
no Projeto

O QUE JÁ SE FEZ E DEU CERTO...
... QUASE SEMPRE

Começa-se com a apresentação de pontos de vista das Neurociências ou Biologia da Mente acerca do que se acredita ser hoje o funcionamento da mente humana, particularmente no que se relaciona com o ato de projetar. Trata-se de ciência nova , que teve desenvolvimento acelerado a partir dos anos 1980, embora pouco desse conhecimento seja aplicado no ensino e, ainda menos, nos cursos de Arquitetura, nos quais a intuição é vista como prima pobre e, às vezes, sequer é notada.

O computador, ao contrário, teve aceitação quase unânime por arquitetos e professores.

Aqui alguns aspectos desta mudança são analisados.

A seguir, o capítulo se volta para as alternativas no projeto. As figuras apresentam casos da experiência profissional, considerando que a arte de projetar é, em sua essência, a escolha de opções aplicáveis a cada caso. Cabe ao arquiteto a definição das alternativas que mais valorizem seu projeto sob diferentes ângulos.

PROJETO
ARQUITETÔNICO

É PLANO, PLANEJAMENTO OU ESQUEMA

↓

COM FINALIDADE DEFINIDA ONDE

→ EXISTE **UNIDADE** FORMADA POR → ESPAÇO FORMA VOLUME RITMO COR TEXTURA...

O processo mental que precede o projeto é mal conhecido e tende a ser **OBSCURECIDO** por

→ fraseado **RACIONAL** que surge depois do projeto completado.

O computador simplifica ENORMEMENTE a representação da imagem espacial; assim, a computação gráfica tem lugar reservado depois da CONCEPÇÃO mental do projeto.

No desenho manual (croqui com lápis e papel) a memorização do traçado que está nascendo ocorre em DUAS ETAPAS:

① O gesto, sequência física de movimentos da mão.

② A visualização do traçado.

O esboço iniciado na tela não tem a flexibilidade da mão humana; ele é uma imagem retiniana...

...e extingue-se poucos segundos após a tela desligada.

→ Esta comparação continua →

16

Os itens ① e ②

Memória Física   Memória Visual   ver

página anterior

permitem que a INTUIÇÃO continue a trabalhar com a imagem mental:
Trabalho não consciente, porém produtivo em ideias.

Analogia da esfera com a coucha acústica

Corta

e abre

Na tela, ao se desligar a máquina, a imagem desaparece. Portanto, a intuição também...

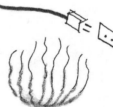

... se desliga do projeto. A imagem fica nos circuitos da máquina, mas ela foi apagada da memória. O trabalho parou!

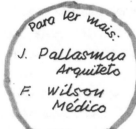

Para ler mais:

J. Pallasmaa
      Arquiteto

F. Wilson
      Médico

A seguir: São três cérebros?

17

Para entender o processo mental que dá origem ao PROJETO devemos conhecer o cérebro.

A Teoria de Paul Mc Lean ✻ postula que temos três cérebros:
- Neocórtex
- Sistema Límbico
- Reptiliano

REPTILIANO

- É o mais antigo.
- Responde por:
  - Ódio
  - Política
  - Agressão: torcidas organizadas
- Quando aparece, ele domina o cena.
- É estúpido e não mede consequências.
- Não dialoga.

SISTEMA LÍMBICO

- Controla 26 glândulas de secreção interna, (direta no sangue).
- Comanda todo o cérebro e os poderes psíquicos: visão do futuro e do passado, percepção extra-sensorial, telecinesia, ...
- Não tem noção do tempo.
- Não tem o dom da fala.
- Ele SABE/CONHECE, mas não explica POR QUE.

⊙Trabalha até com 10 milhões de bits por segundo.
- A aprendizagem é dirigida principalmente por ele.

NEOCÓRTEX

- É o único dotado do poder de falar.
- É supervalorizado.
- É a sede da lógica e raciocínio sequencial que predominam na aprendizagem tradicional.
- ⊙Trabalha com 40 bits/segundo.

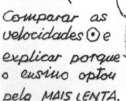

Comparar as velocidades ⊙ e explicar porque o ensino optou pela MAIS LENTA.

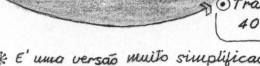

✻ É uma versão muito simplificada de um órgão de extrema complexidade.

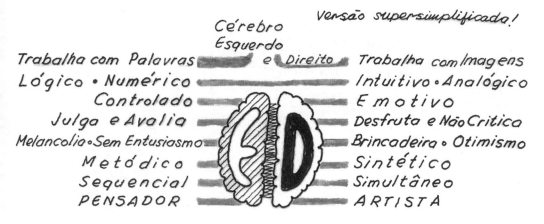

O ato de projetar não é um processo totalmente racional, nem sequencial; o projetista dá saltos… de uma ideia para outra e logo pula para outra. O processo é intuitivo, livre, não obedece a regras!

Na aurora da gráfica computacional, foram desenvolvidos programas para FAZER projetos que, geometricamente, eram bons. Contudo, do ponto de vista arquitetônico, eram um desastre e foram, logo, descartados.

Agora surgiu a proposta (muito cômoda) de começar o projeto no computador. Essa prática é aceita no mercado imobiliário que pede "projetos" duplicados, torres gêmeas e trigêmeas, bem como plantas rápidas e de baixo custo. Em um bom escritório de arquitetura isso não tem vez. Trata-se de cópia, imitação, plágio, um Frankenstein arquitetônico com costuras mal disfarçadas, e um esqueleto sem alma para o qual há falta vital da originalidade. Não passa de coleção de plantas montadas no computador, algo como uma linha de produção em série; não é, enfim, um PROJETO!

A passagem da ideia da MENTE para o PAPEL ou TELA deve ser SIMPLES e IMEDIATA porque...

...a IDEIA é FLUÍDA... e FUGAZ: ...ela se desvanece MUITO RAPIDAMENTE, como nos sonhos:

ela é um LAMPEJO ou sinapse,...

... ligação eletroquímica entre neurônios...

... em velocidade extremamente RÁPIDA!

Que você ANOTA, antes que o fluxo se desvaneça...

Raras vezes a imagem ou palavra retorna e, quando isto acontece, a memória ou aparência não é a MESMA!

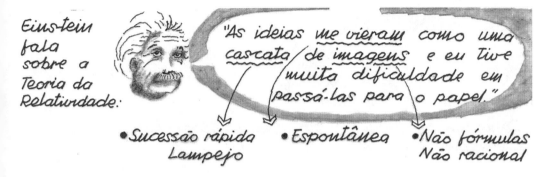

Einstein sabia que uma ideia NOVA não seria aceita no meio científico a menos que fosse demonstrada logicamente. Isso leva tempo, como ocorreu com a demonstração das raízes da equação do 2º grau; hoje, porém, o professor leva 30 minutos para apresentar a demonstração aos seus alunos. Diferentemente do que ocorre atualmente, os matemáticos gastaram três séculos para encontrar uma demonstração simples, lógica e racional. Einstein, que era um gênio, precisou de APENAS dezessete anos para elaborar a demonstração da Teoria da Relatividade; ele conhecia a teoria, tinha certeza e segurança dela, mas teria de convencer seus colegas racionais com argumentos. E o fez.

 começa com

 e destreza ou habilidade manual.

Começar o projeto no computador limita as alternativas, porque aquilo que não existe nos programas fica fora do jogo criativo.

Se o projeto começa na máquina, o projetista é PASSIVO! Ele utiliza imagens que pertencem ao arquivo digital e se limita a COPIAR figuras pré-existentes... alheias.

O REPERTÓRIO DE IMAGENS...○○○ memória VISUAL na mente do projetista depende de acesso prévio a muitos PROJETOS e ANÁLISES, ...permitindo→ reelaborar um VOCABULÁRIO de formas pessoal quase infinito.

O lado intuitivo do cérebro NÃO COPIA estas imagens: elas são transformadas, CRIANDO FORMAS NOVAS... ... inconscientemente.

Trata-se de processo puramente HUMANO, não mecânico, onde entram em jogo as escolhas pessoais, a experiência,...

... A EMPATIA,* percepção NÃO CONSCIENTE dos gostos e sonhos do outro, inclusive aquilo que ele NÃO EXPRESSOU formalmente.

O bom projetista NÃO IMPÕE seu projeto. Ele elabora os desejos do cliente de modo artístico e exequível.

* Colocar-se no lugar do outro.

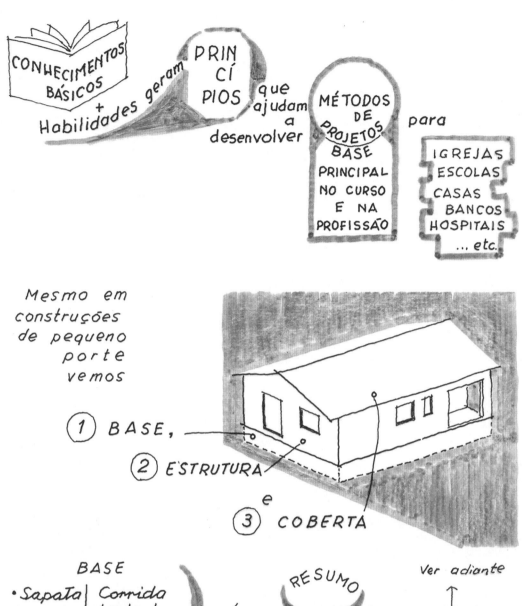

CONHECIMENTOS BÁSICOS + Habilidades geram PRINCÍPIOS que ajudam a desenvolver MÉTODOS DE PROJETOS BASE PRINCIPAL NO CURSO E NA PROFISSÃO para IGREJAS ESCOLAS CASAS BANCOS HOSPITAIS ... etc.

Mesmo em construções de pequeno porte vemos

① BASE,

② ESTRUTURA

e

③ COBERTA

BASE
• Sapata | Corrida / Isolada
• Estaca | Isolada / Em bloco

Ver adiante ←

RESUMO

ESTRUTURA
Parede | Pilar | o a ligação com
Coluna |

Vigas e Perfis

Ver adiante ↑

COBERTA
Tipos mais comuns
Alternativas

Mais detalhes:
• Geometria Descritiva - 2.º vol.
• Desenho de Projetos
  do mesmo Autor e Editora

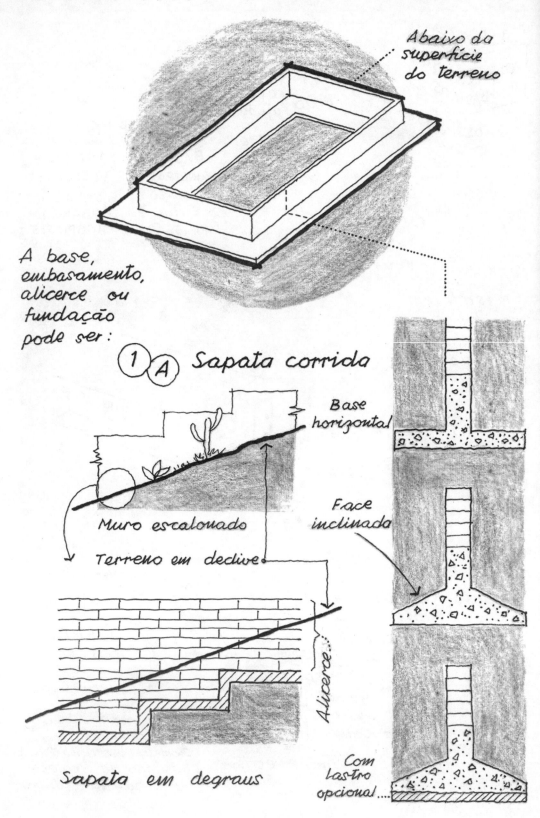

Abaixo da superfície do terreno

A base, embasamento, alicerce ou fundação pode ser:

(1) (A) Sapata corrida

Base horizontal

Muro escalonado

Face inclinada

Terreno em declive

Alicerce

Sapata em degraus

Com lastro opcional

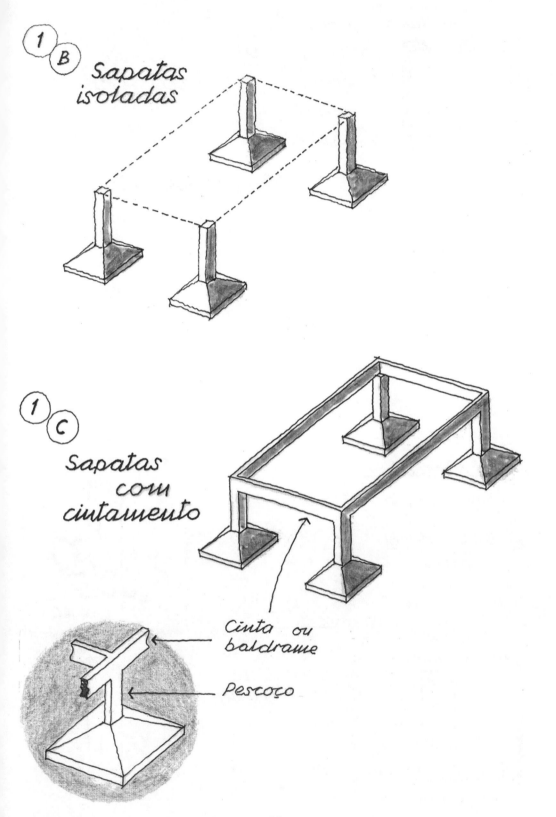

1 B Sapatas isoladas

1 C Sapatas com cintamento

Cinta ou baldrame

Pescoço

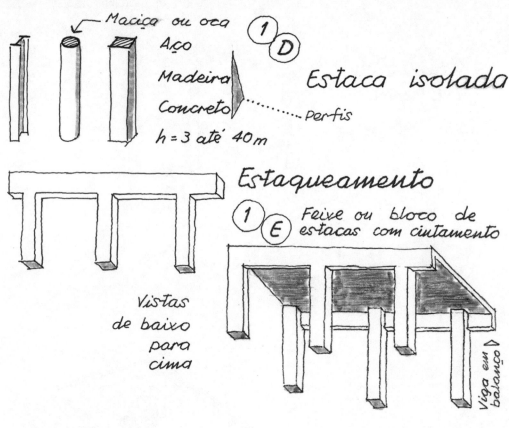

Maciça ou oca

Aço

Madeira

Concreto .... Perfis

h = 3 até 40 m

① D Estaca isolada

Estaqueamento

① E Feixe ou bloco de estacas com cintamento

Vistas de baixo para cima

Viga em balanço

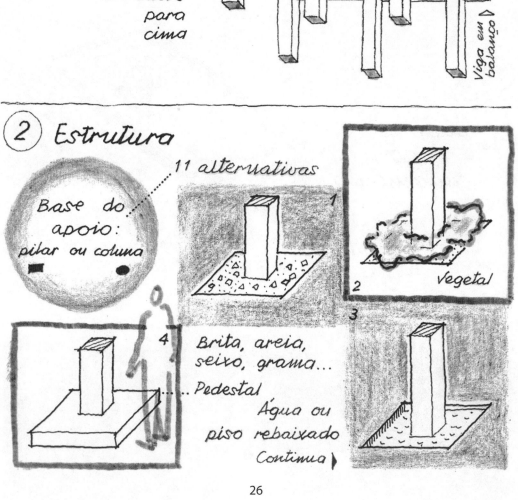

② Estrutura

11 alternativas

Base do apoio: pilar ou coluna

Vegetal

Brita, areia, seixo, grama...

Pedestal

Água ou piso rebaixado

Continua ▶

26

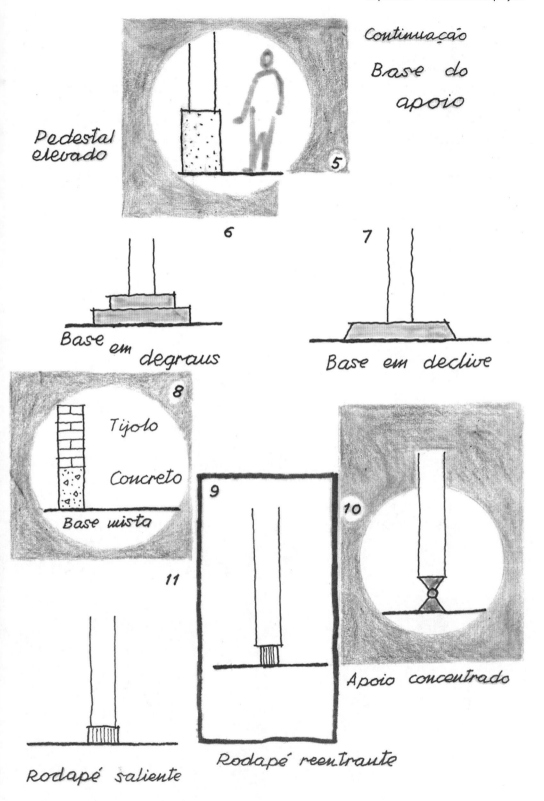

Continuação

Base do apoio

Pedestal elevado

5

6

Base em degraus

7

Base em declive

8

Tijolo

Concreto

Base mista

9

10

Apoio concentrado

11

Rodapé saliente

Rodapé reentrante

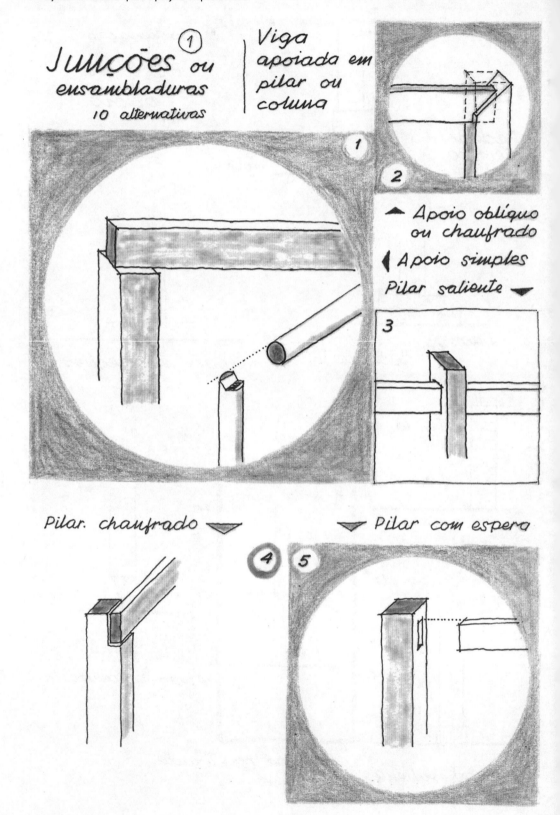

Juuções ① ou ensambladuras
10 alternativas

Viga apoiada em pilar ou coluna

① ②

➤ Apoio oblíquo ou chaufrado

◀ Apoio simples

Pilar saliente ▼

③

Pilar. chaufrado ▼

▼ Pilar com espera

④ ⑤

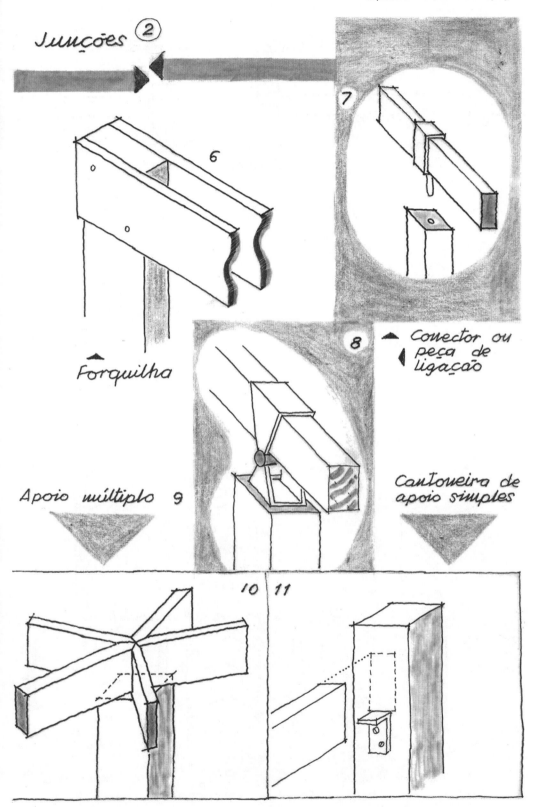

Junções ②

6

Forquilha

7

8

Connector ou peça de ligação

Apoio múltiplo 9

Cantoneira de apoio simples

10 11

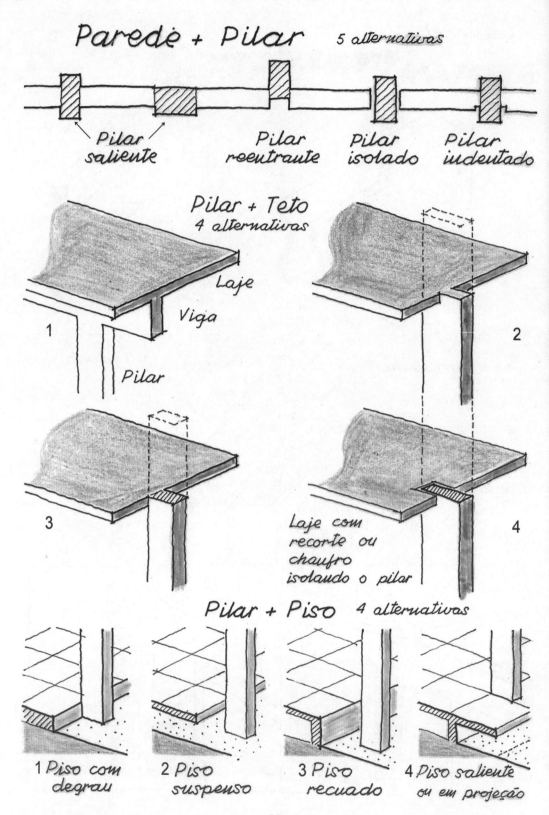

Parede + Pilar 5 alternativas

Pilar
saliente

Pilar
reentrante

Pilar
isolado

Pilar
indentado

Pilar + Teto
4 alternativas

Laje

Viga

Pilar

1

2

3

4

Laje com
recorte ou
chaufro
isolando o pilar

Pilar + Piso 4 alternativas

1 Piso com
degrau

2 Piso
suspenso

3 Piso
recuado

4 Piso saliente
ou em projeção

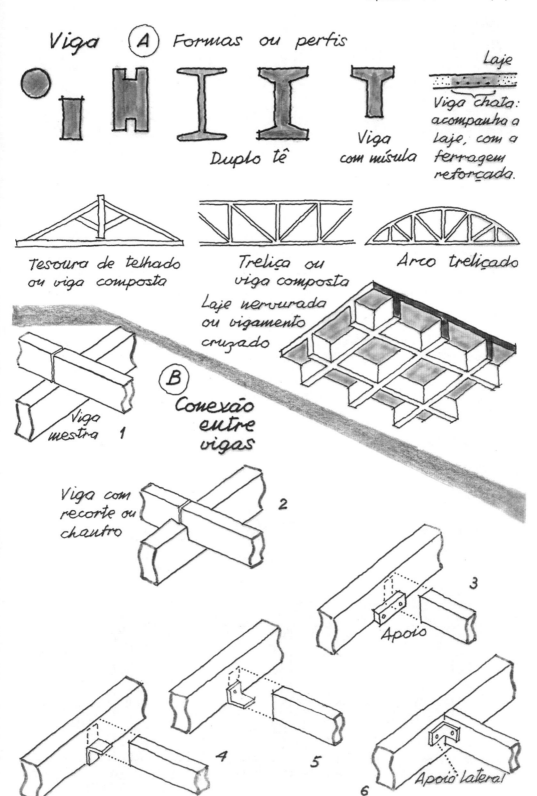

Viga (A) Formas ou perfis

Laje

Duplo tê

Viga com mísula

Viga chata: acompanha a laje, com a ferragem reforçada.

Tesoura de telhado ou viga composta

Treliça ou viga composta

Arco treliçado

Laje nervurada ou vigamento cruzado

Viga mestra 1

(B) Conexão entre vigas

Viga com recorte ou chanfro

2

3

Apoio

4

5

Apoio lateral

6

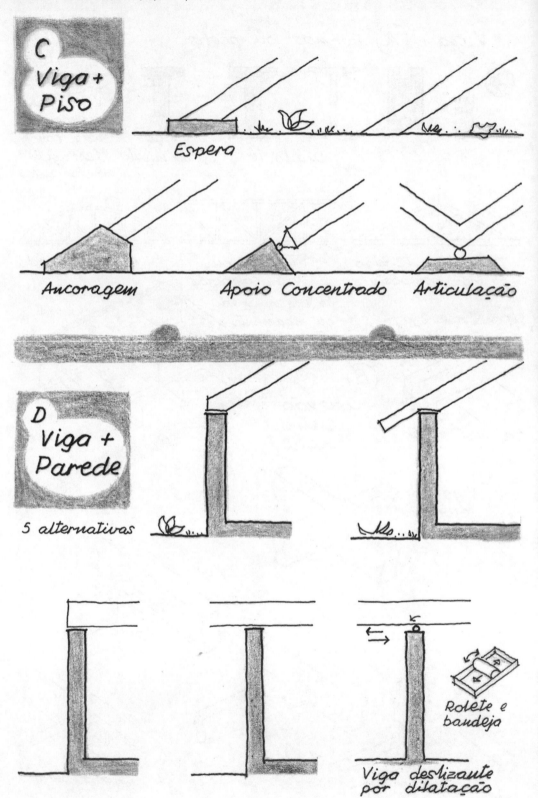

C Viga + Piso

Espera

Ancoragem   Apoio Concentrado   Articulação

D Viga + Parede

5 alternativas

Rolete e bandeja

Viga deslizante por dilatação

(E) **Parede + Piso + Teto** p. (1)... 7 alternativas

A parede continua através e além do vidro

1

Continuidade entre piso, parede e teto.

2

Parede contínua com a mesma textura interna e externa

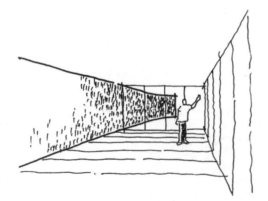

3

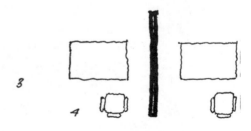

4

Parede como divisória

Parede + Piso + Teto
p... ②

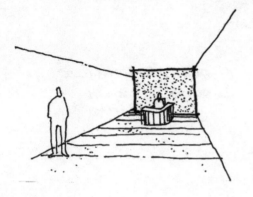

Parede em destaque
como fundo

5

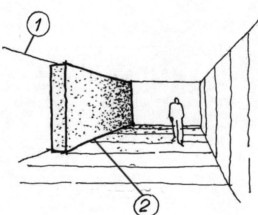

Parede Ⓐ
acentuada
por
sancas ①
e ②

6

O piso se prolonga como mureta ou parede.

34

Luz Solar

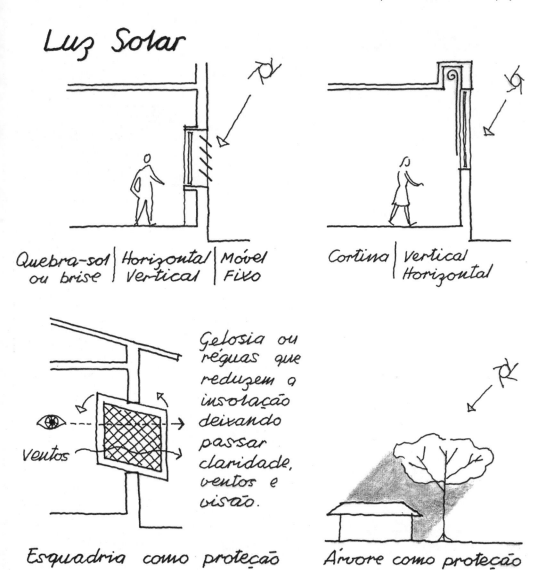

| Quebra-sol ou brise | Horizontal Vertical | Móvel Fixo |

Cortina | Vertical Horizontal

Gelosia ou réguas que reduzem a insolação deixando passar claridade, ventos e visão.

Ventos

Esquadria como proteção

Árvore como proteção

Evitar reflexo na água

Sol + Ventos p.①...

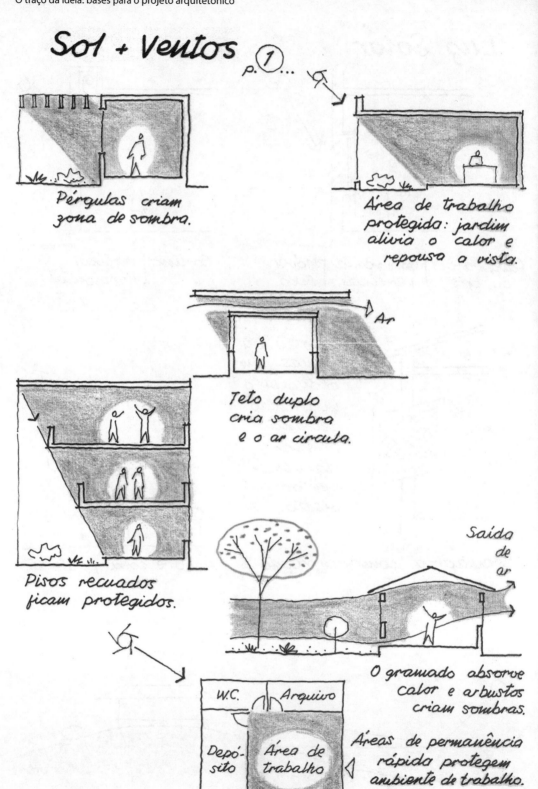

Pérgulas criam zona de sombra.

Área de trabalho protegida: jardim alivia o calor e repousa a vista.

Teto duplo cria sombra e o ar circula.

Ar

Pisos recuados ficam protegidos.

Saída de ar

O gramado absorve calor e arbustos criam sombras.

Áreas de permanência rápida protegem ambiente de trabalho.

W.C.   Arquivo

Depó-sito   Área de trabalho

Sol + Ventos p... ②

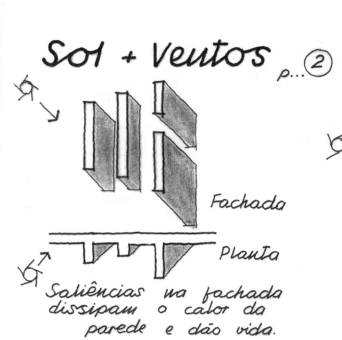

Fachada

Planta

Saliências na fachada dissipam o calor da parede e dão vida.

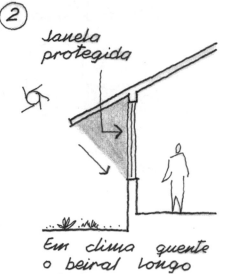

Janela protegida

Em clima quente o beiral longo alivia o calor.

A fonte de água refrigera.

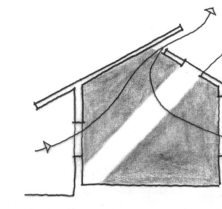

Aberturas no teto reduzem a iluminação artificial e ventilam.

Janelas protegidas por pestanas

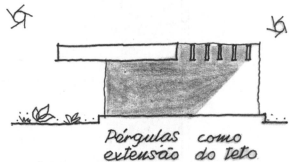

Pórgulas como extensão do teto

Sol + Ventos p... ③

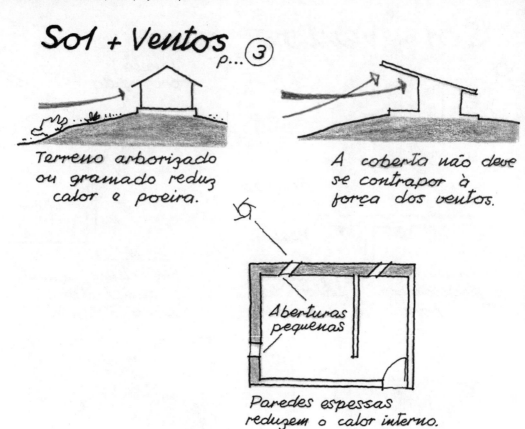

Terreno arborizado ou gramado reduz calor e poeira.

A coberta não deve se contrapor à força dos ventos.

Aberturas pequenas

Paredes espessas reduzem o calor interno.

Parede tendo aberturas ou elemento vazado reduz a insolação.

Vento

A água na superfície p. ①...

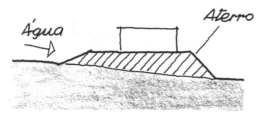

Elevar a
base da construção

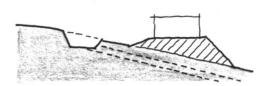

Fazer drenagem lateral
ou subterrânea.

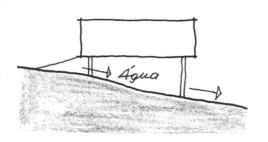

A construção pode
ficar suspensa.

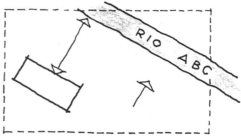

Evitar áreas
alagadiças.

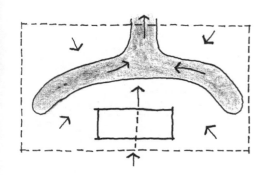

A construção pode ser
protegida por fosso.

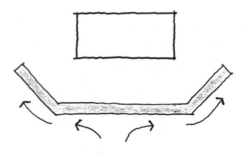

Mureta de arrimo como
prevenção contra enxurradas.

A água na superfície p...②...

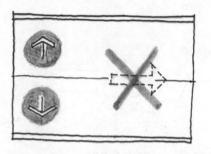

Orientar o escoamento para o menor percurso.

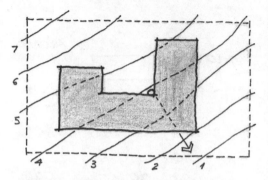

Evitar acumulação de água ou fazer drenagem.

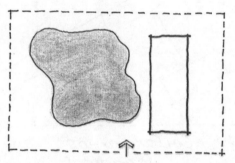

Procurar manter o terreno natural/atual.

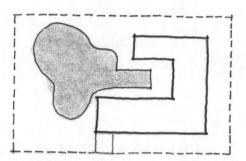

Modelar a forma da lagoa adequando-a ao projeto.

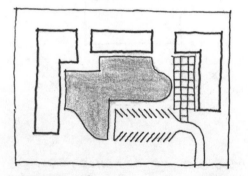

Redesenhar a lagoa como parte do projeto.

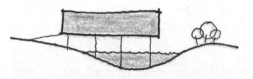

Fazer o projeto como um barco na lagoa.

A água na superfície p...③...

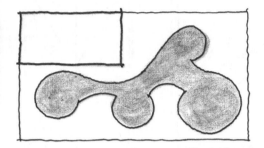

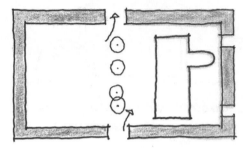

A forma do espelho ↑ d'água contrasta com a geometria do projeto atuando como refletor.

Fosso com água marca os limites do terreno.

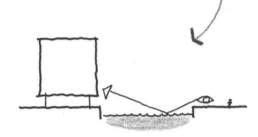

Água no interior induz à calma.

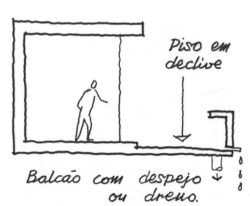

Piso em declive

Balcão com despejo ou dreno.

Evitar construir no nível do terreno ou abaixo dele.

A água na superfície p...④

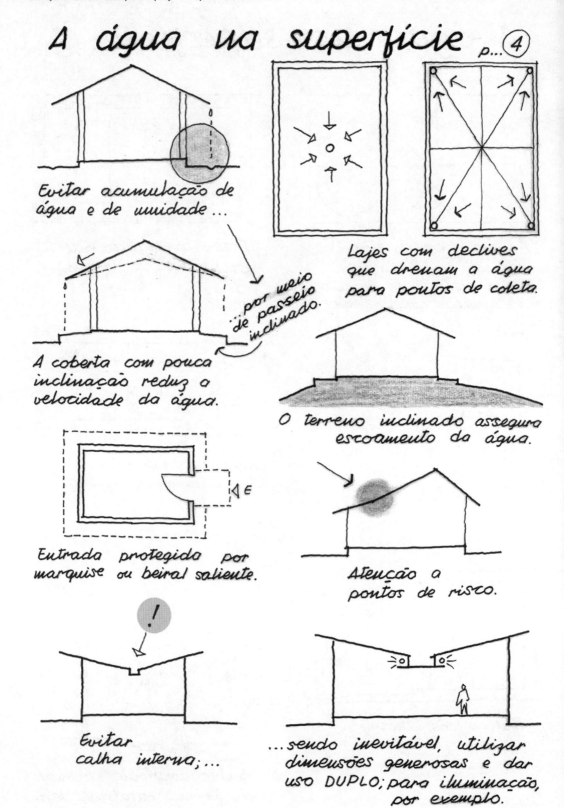

Evitar acumulação de água e de umidade...

...por meio de passeio inclinado.

A coberta com pouca inclinação reduz a velocidade da água.

Lajes com declives que drenam a água para pontos de coleta.

E

Entrada protegida por marquise ou beiral saliente.

O terreno inclinado assegura escoamento da água.

Atenção a pontos de risco.

!

Evitar calha interna;...

...sendo inevitável, utilizar dimensões generosas e dar uso DUPLO; para iluminação, por exemplo.

2 erros a evitar

①

A água tende a ficar retida e o pilar vai ser corroído pela umidade.

Pilar de madeira ou ferro

Piso

Declive

Solução simples e eficaz

Buzinote ou despejo

②

O escoamento da água só começa APÓS acumulação.

Erro e solução

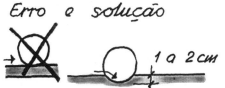

1 a 2cm

O buzinote ABAIXO do nível da laje funciona logo que a água surge.

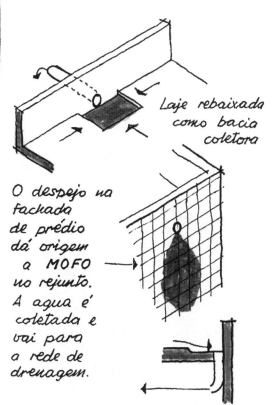

Laje rebaixada como bacia coletora

O despejo na fachada de prédio dá origem a MOFO no rejunte. A água é coletada e vai para a rede de drenagem.

43

Cobertas:

p. ① 22 amostras de suas (quase) infinitas formas

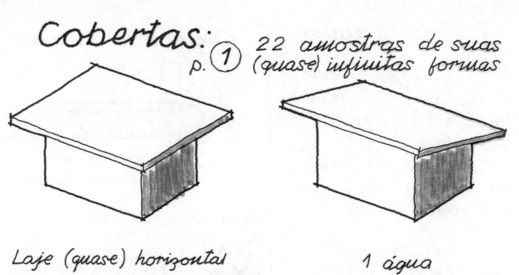

Laje (quase) horizontal

1 água

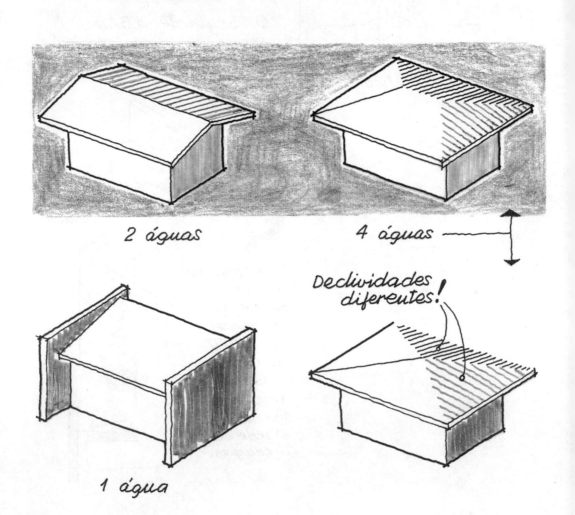

2 águas

4 águas

Declividades diferentes!

1 água

Cobertas p...②...

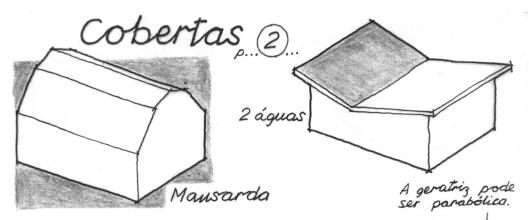

Mansarda

2 águas

A geratriz pode ser parabólica.

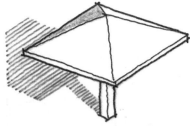

Apoio central

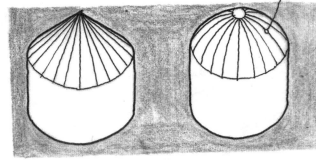

Coberta cônica   Domo = Cúpula

4 águas com lanternim

Fachada

Planta

Abóbada gótica (sem o telhado)

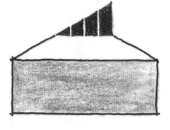

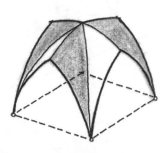

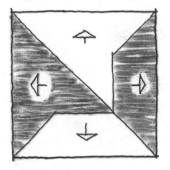

Perspectiva

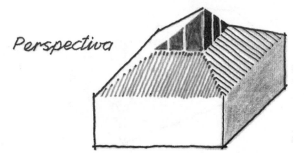

Cobertas p. ③

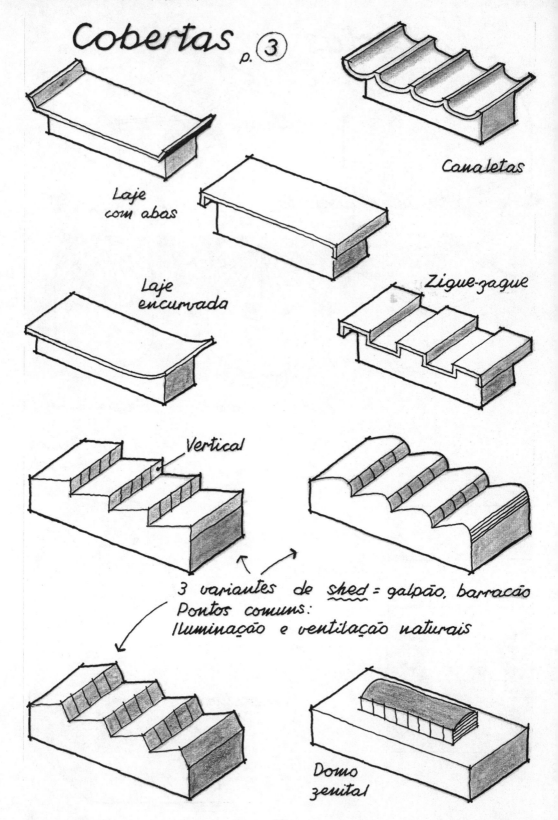

Canaletas

Laje
com abas

Laje
encurvada

Zigue-zague

Vertical

3 variantes de <u>shed</u> = galpão, barracão
Pontos comuns:
Iluminação e ventilação naturais

Domo
zenital

Iluminação Zenital ou superior

Domos translúcidos

Mais alternativas nas páginas anteriores

← Planta
↙ Corte

Função do { Iluminar ∴ naturalmente!
domo { Ventilar ∴

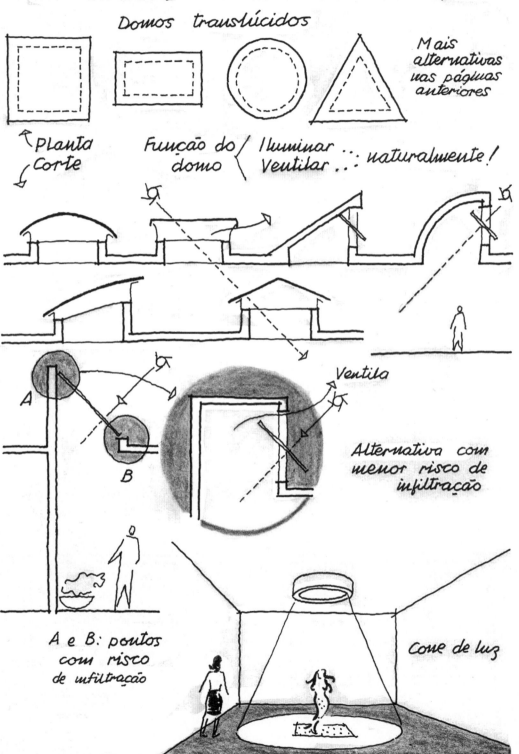

Ventila

Alternativa com menor risco de infiltração

A e B: pontos com risco de infiltração

A e B: pontos com risco de infiltração

Cone de luz

47

Iluminação Natural

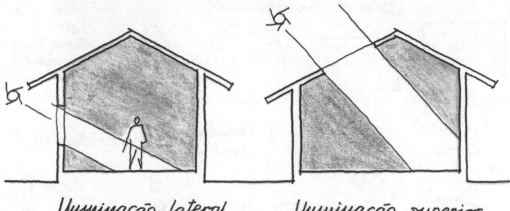

Iluminação lateral

Iluminação superior

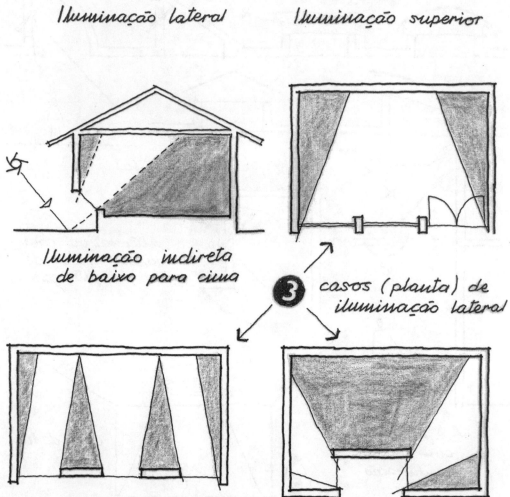

Iluminação indireta
de baixo para cima

3 casos (planta) de
iluminação lateral

Iluminação Artificial ①...
16 alternativas

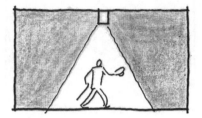

Luz dirigida = "Spotlight"

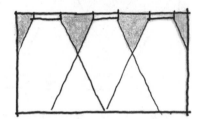

Iluminação geral

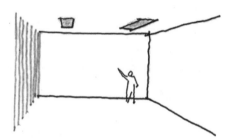

Fonte embutida

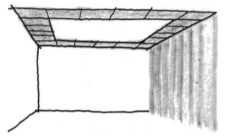

Fontes no perímetro: no
Teto ou no piso

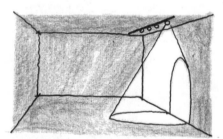

Trilho com "spots"

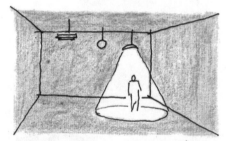

Lâmpadas pendentes

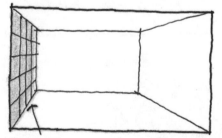

Parede como fonte de luz

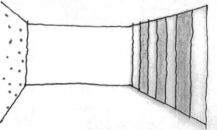

Painéis como fonte de luz

Iluminação Artificial ② p...

Cortes

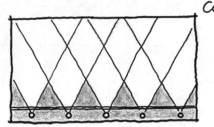 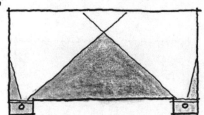

Fontes de luz no piso... ou no perímetro

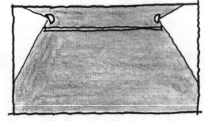 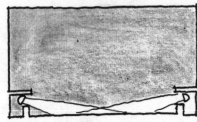

Iluminação → indireta

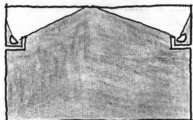 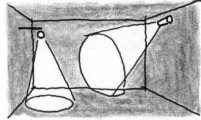

Spots na parede

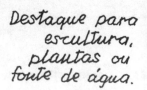

A

Destaque para escultura, plantas ou fonte de água.

Iluminação nos degraus

Ⓐ : Obstáculo no piso: risco de queda!

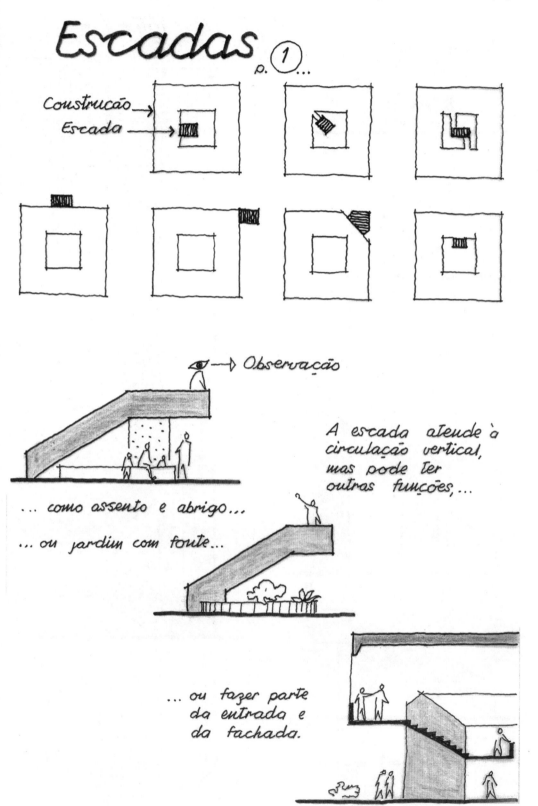

Escadas p. ①...

Construção →
Escada →

→ Observação

A escada atende à circulação vertical, mas pode ter outras funções,...

... como assento e abrigo...

... ou jardim com fonte...

... ou fazer parte da entrada e da fachada.

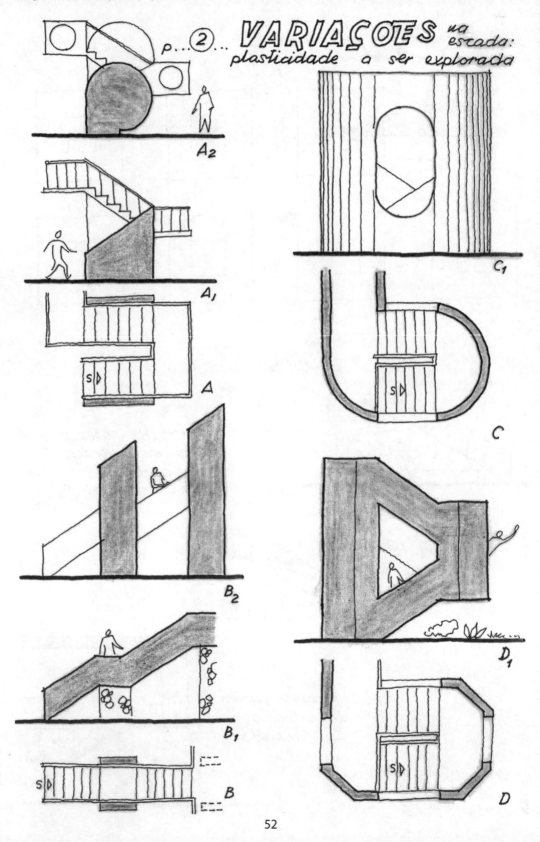

p...②... VARIAÇÕES na escada: plasticidade a ser explorada

A escada é elemento arquitetônico de grande plasticidade e merece atenção especial.

p...③...

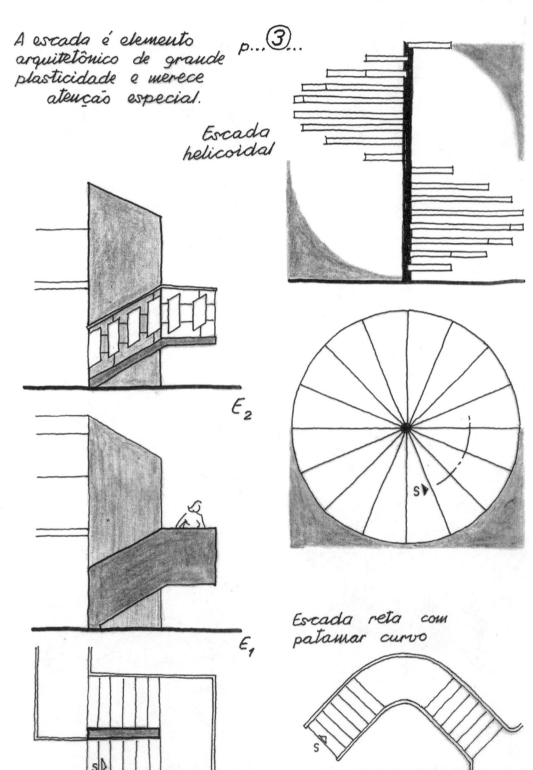

Escada helicoidal

E₂

E₁

E

Escada reta com patamar curvo

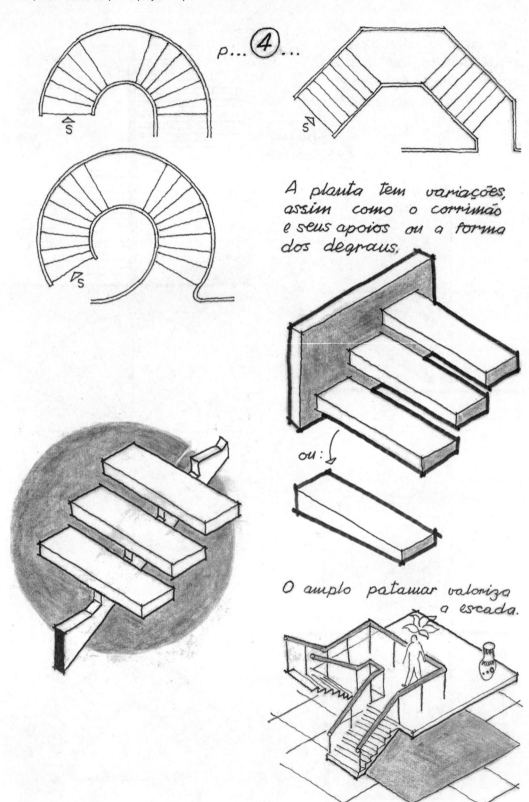

p... ④ ...

A planta tem variações, assim como o corrimão e seus apoios ou a forma dos degraus.

ou:

O amplo patamar valoriza a escada.

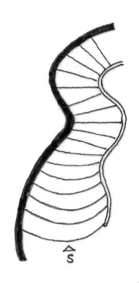

S

p. ⑤ ...

A escada pode ter eixo ondulado como no projeto do arquiteto Joseph Maria Jujol. Não aparenta ser obra antiga, embora tenha sido construída em 1916, na Espanha.

A primeira escada helicoidal construída em concreto armado é de 1930, no Recife, PE, com cálculo de Joaquim Cardoso e projeto de Luís Nunes.

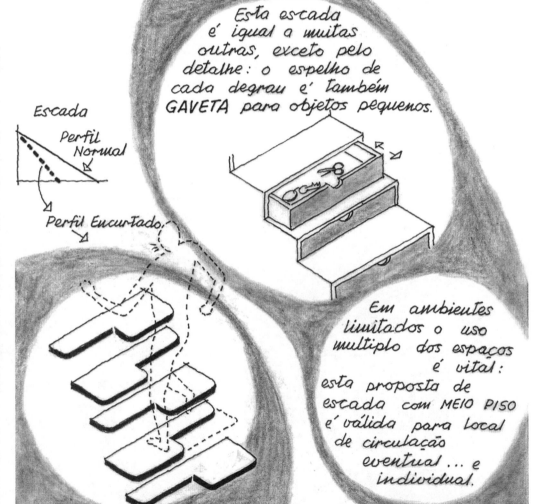

Esta escada é igual a muitas outras, exceto pelo detalhe: o espelho de cada degrau é também GAVETA para objetos pequenos.

Escada

Perfil Normal

Perfil Encurtado

Em ambientes limitados o uso multiplo dos espaços é vital: esta proposta de escada com MEIO PISO é válida para local de circulação eventual ... e individual.

55

Escadas ⑥
p...

A escada para o mezanino fica oculta por um painel. Projeto: Tankard Bowkett.

A escada para o beliche é formada por prateleiras e armarios.

Ponto focal p. ①...

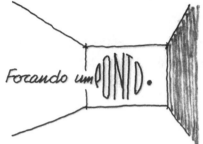

Focando um PONTO.

O ponto focal é acentuado pelo **VAZIO** do entorno.

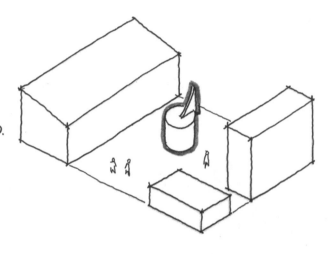

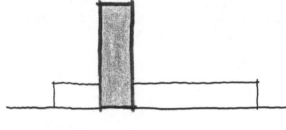

O olhar vai para o ponto focal...
. ... por contraste.

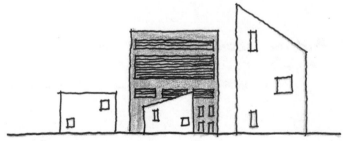

Ponto focal p...②...

O painel se destaca da parede de fundo.

A entrada se torna o foco.

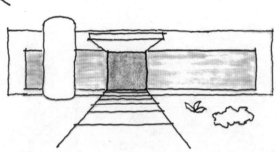

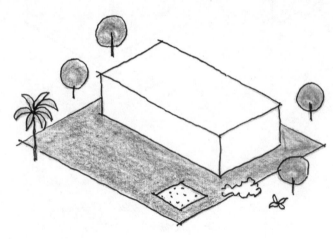

O projeto pode ser destacado pela arborização ou por pavimentação do entorno.

Pode-se acentuar parte do projeto colocando-a em bloco separado.

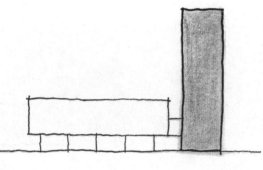

Pouto focal
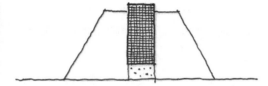 p... ③

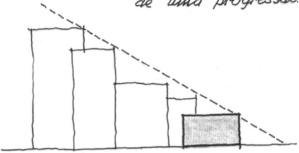

Pode-se acentuar parte
do projeto pela textura,
cor, material etc ...

... ou pela criação
de uma progressão.

Parte do projeto
pode ser acentuado
por seu volume ou
posição elevada ...→

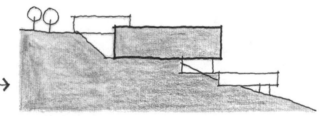

... ou ela pode
destacar-se
no fundo.
↓

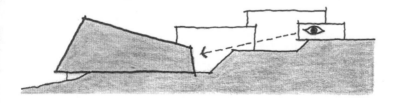

3 pontos de vista no projeto:

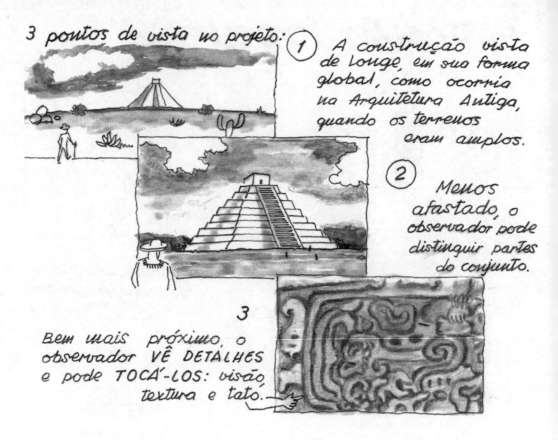

(1) A construção vista de longe, em sua forma global, como ocorria na Arquitetura Antiga, quando os terrenos eram amplos.

(2) Menos afastado, o observador pode distinguir partes do conjunto.

3

Bem mais próximo, o observador VÊ DETALHES e pode TOCÁ-LOS: visão, textura e tato.

Juntando o NOVO ao existente

p. ① ...

Alternativas
- Harmonizar o NOVO e o existente
- Contrastar o NOVO com o existente

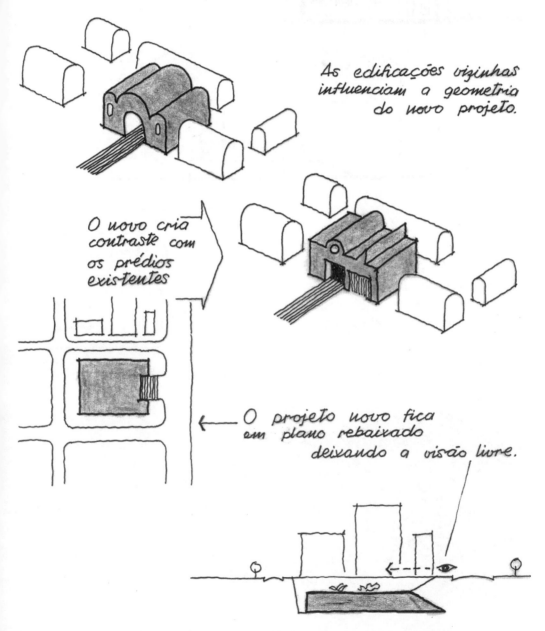

As edificações vizinhas influenciam a geometria do novo projeto.

O novo cria contraste com os prédios existentes

O projeto novo fica em plano rebaixado deixando a visão livre.

Juntando o NOVO ao existente

p...②...

Mais alternativas:
a construção nova serve como
fundo para a existente...

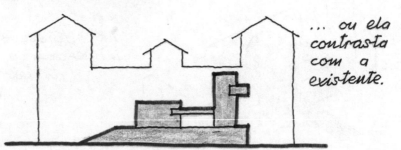

... ou ela
contrasta
com a
existente.

As construções estão
fisicamente bem separadas
e as árvores são como
cortinas.

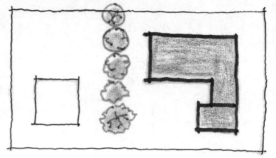

Cria-se um espaço
ligando o existente
ao novo.

Juntando o NOVO ao existente
p... ③ ...

O projeto NOVO
se integra com
o existente.

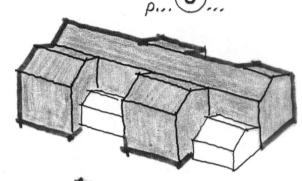

O projeto NOVO
serve de proteção
para o existente.

O projeto NOVO
destaca o existente.

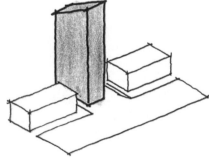

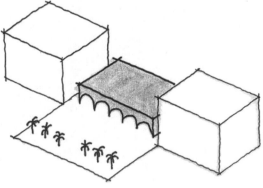

O projeto NOVO faz
contraste com os existentes.

Juntando o NOVO ao existente

p... ④

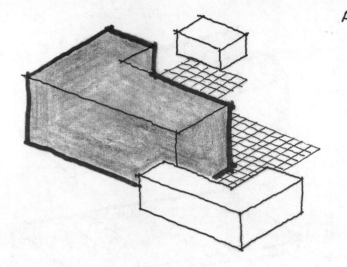

O NOVO projeto é coerente (tem unidade) com as edificações vizinhas.

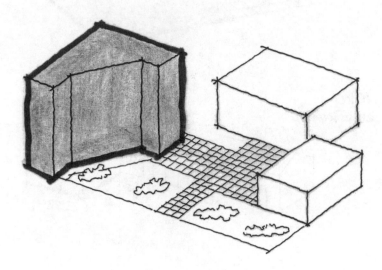

A praça faz integração do NOVO com o existente.

Acesso

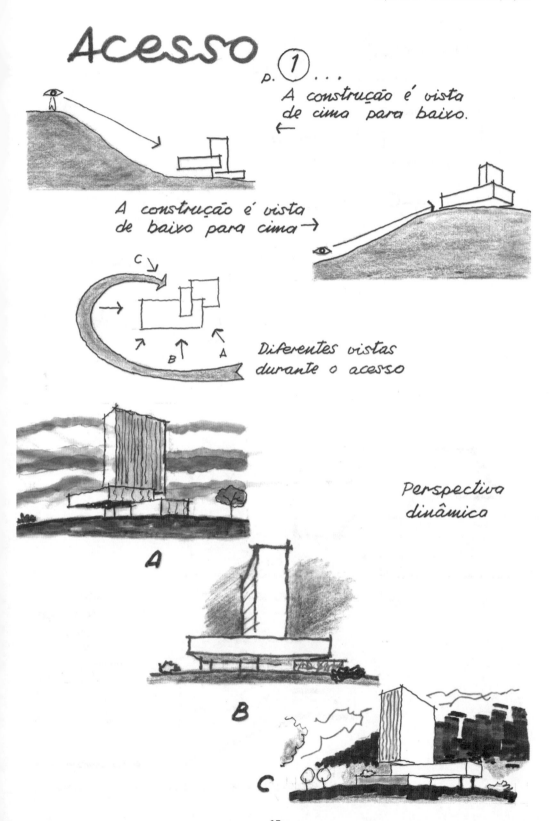

p. ① . . .
A construção é vista
de cima para baixo.

A construção é vista
de baixo para cima →

Diferentes vistas
durante o acesso

C

B

A

Perspectiva
dinâmica

A

B

C

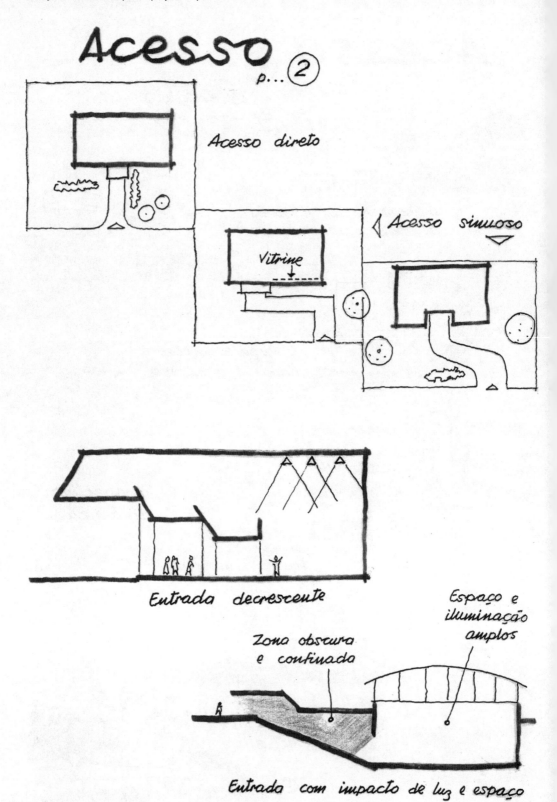

Acesso p... ②

Acesso direto

Acesso sinuoso

Vitrine

Entrada decrescente

Zona obscura
e confinada

Espaço e
iluminação
amplos

Entrada com impacto de luz e espaço

Estacionamento p.①...

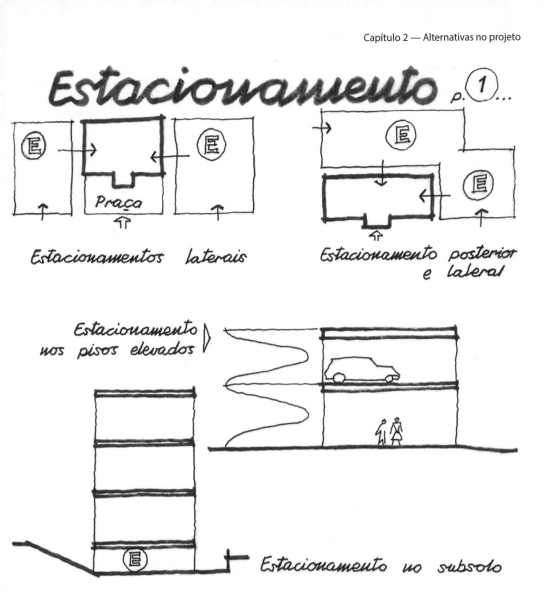

Estacionamentos laterais

Praça

Estacionamento posterior e lateral

Estacionamento nos pisos elevados

Estacionamento no subsolo

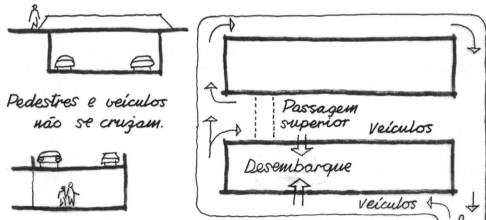

Pedestres e veículos não se cruzam.

Passagem superior   Veículos

Desembarque

Veículos

Estacionamento p...②...

O estacionamento
rebaixado deixa
a visão livre.

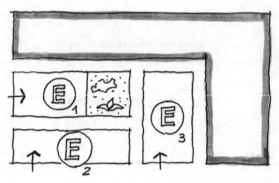

Áreas de estacionamento
separadas por
caminhos e jardins.

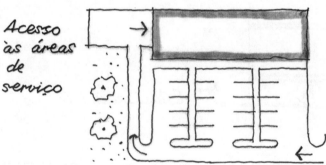

Acesso
às áreas
de
serviço

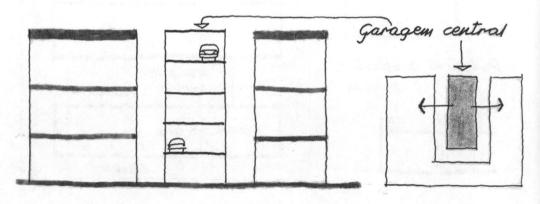

Garagem central

Estacionamento p...③

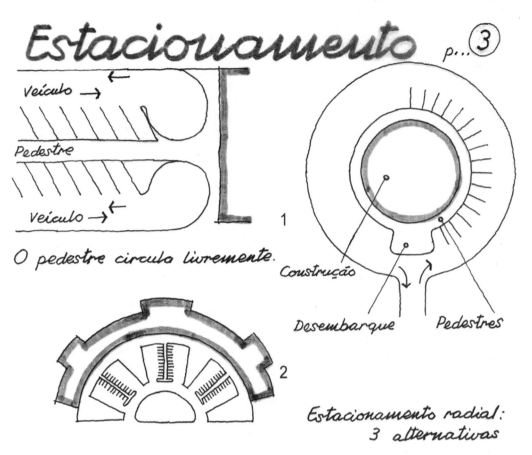

Veículo →

Pedestre

Veículo →

1

O pedestre circula livremente.

2

Construção

Desembarque   Pedestres

Estacionamento radial:
3 alternativas

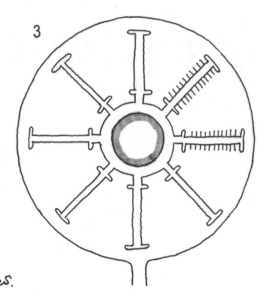

3

acima
↑
Use o espaço livre para
anotar outras alternativas.

Paisagismo ou quase isso

Crie ambientes tranquilos

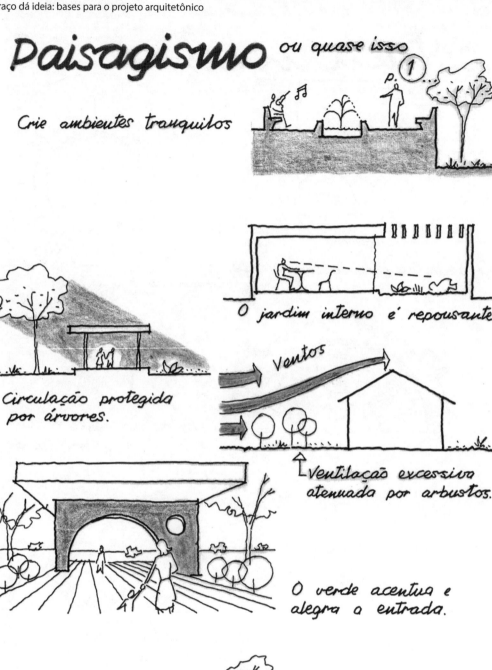

Circulação protegida por árvores.

O jardim interno é repousante.

Ventos

Ventilação excessiva atenuada por arbustos.

O verde acentua e alegra a entrada.

Elevação do terreno separa áreas.

Paisagismo ou quase isso p... ② ...

Faça jardins para áreas específicas da casa/construção.

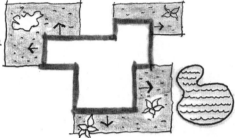

As árvores não devem ocultar o projeto.

A área verde faz a integração entre os blocos.

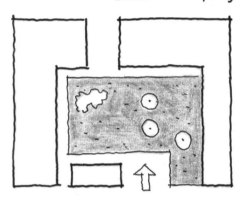

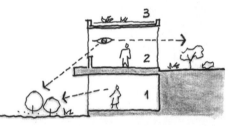

O verde está em todos os níveis da construção.

As árvores existentes devem ser preservadas. ⟶

Áreas acidentadas ou inóspitas são utilizadas para arborização e (re)florestamento.

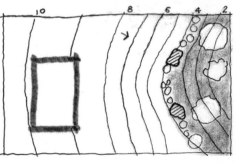

Paisagismo ou quase isso p... ③

A copa das árvores forma "abóbada" na entrada.

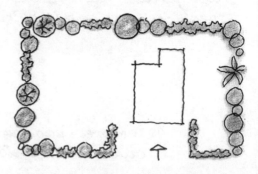

A cerca viva delimita o terreno.

Árvores criam sombras que atraem atividades recreativas.

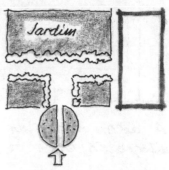

Canteiros delimitam zonas e orientam a circulação.

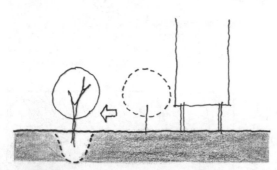

Árvores muito próximas da construção podem ser trasplantadas.

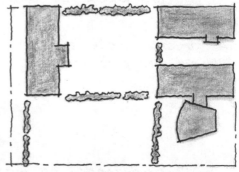

As linhas principais do projeto estão acentuadas por vegetação.

O conjunto sanitário *tradicional*

é formado por três peças com funções bem DIFERENCIADAS e de uso exclusivo por UM SÓ usuário:

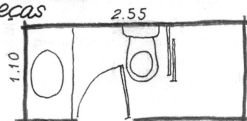

Área 0.90 m² por peça ou 2,80 m² - Total

Como pode ser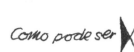

O que aumenta:
• Área: 0,37% = 1m²
• Eficiência: uso simultâneo por 4 pessoas!
O que reduz:
• Uma porta
• 4,32 m² de parede

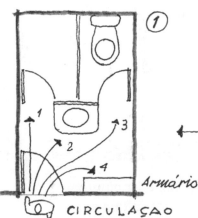

① Armário

CIRCULAÇÃO

← Área → 3,84 m²

②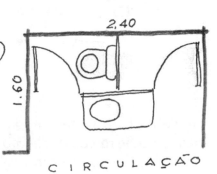

CIRCULAÇÃO

Esta disposição tem A MENOS:
• 4,80 m² de parede
• Uma porta
• Menor custo

É mais adequada para uso das pessoas; seu inconveniente (?) é sair do modelo tradicional.

Área 2,80 m²

③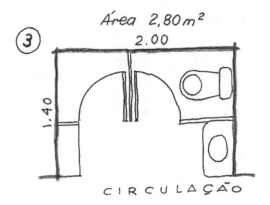

CIRCULAÇÃO

Esta é uma área de utilização rápida e também fonte de desperdício; de água sobretudo. A água utilizada na descarga é, muitas vezes, água tratada. Nas cidades grandes ela vem de longe, sendo canalizada até uma cisterna ou caixa d'água inferior, bombeada para a caixa superior e, a seguir, usada para empurrar detritos orgânicos. Por que não utilizar a água de banho ou de lavabo para fazer descer nossas secreções externas?

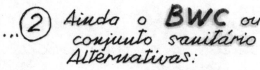

② Ainda o **BWC** ou conjunto sanitário Alternativas:

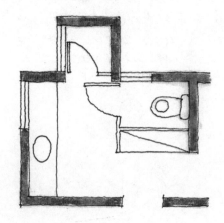

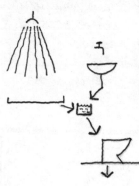

Quando colocado dentro do espaço interno do BWC o armário fica inacessível por outro usuário.

Desde 1981 era utilizado no Japão o banheiro como cilindro de fibra de vidro colocado na área de serviço e conectado por tubo flexível.

Não se fez ainda o conjunto sanitário pré-fabricado que seria encaixado por guincho no meio da estrutura.

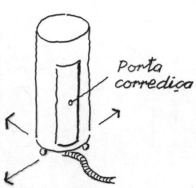

Porta corrediça

Tubulação

A tubulação pode ser embutida ou semiembutida na estrutura...

... ou no espaço entre a laje e o forro.

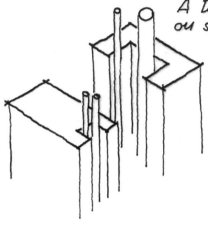

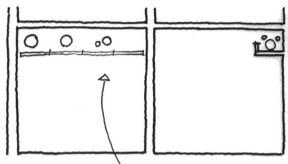

As tubulações serão de fácil acesso, pois têm manutenção periódica.

O teto rebaixado e removível dá passagem e acesso a fiação e tubos.

A concentração das tubulações se faz nos BWCs e no HALL de escadas com acesso por meio de quadro ou poço de inspeção, ← dito SHAFT.

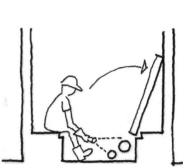

Dutos sob o piso ou abaixo de janelas com acesso interno ou externo →

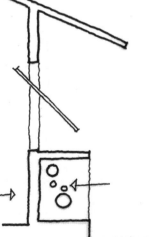

Ruídos

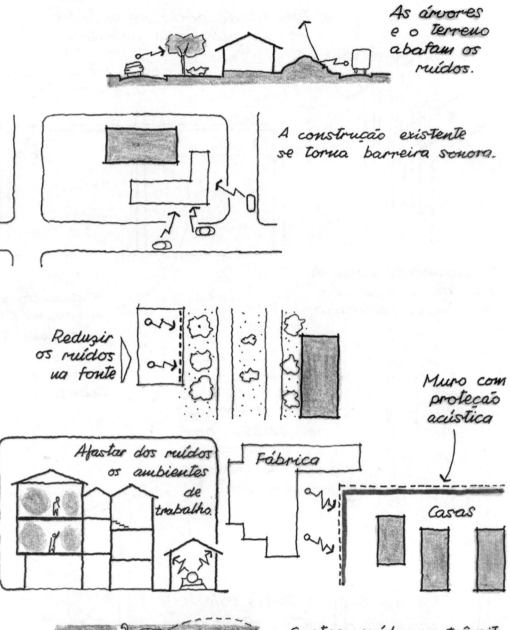

As árvores e o terreno abafam os ruídos.

A construção existente se torna barreira sonora.

Reduzir os ruídos na fonte

Muro com proteção acústica

Afastar dos ruídos os ambientes de trabalho.

Fábrica

Casas

Contra ruídos no trânsito, uma solução é o cartaz:
SUA BUZINA NÃO ME FAZ VOAR.
RELAXE!

Como nasce
o Projeto

A seguir estão cinco exemplos ou exemplares de projetos com:

- assunto ou tema escolhido;
- localização geográfica;
- identificação do(a) autor(a);
- programa de necessidades;
- partido adotado;
- terreno disponível;
- primeiros esboços;
- anteprojeto;
- projeto;
- perspectivas.

Cada autor(a) apresenta sua concepção e o desenvolvimento da ideia inicial. Pediu-se que fosse dada ênfase às primeiras ideias e à sua transcrição gráfica, e não ao projeto final. Por quê? Porque os livros e revistas apresentam, geralmente, a versão final, o projeto acabado, e não dizem nada sobre o desenvolvimento, a elaboração da ideia inicial ou como ela cresceu e se desenvolveu passo a passo.

Os projetos são precedidos por identificação de autor(a), biografia sucinta e endereço eletrônico segundo a ordem em que os trabalhos serão apresentados.

1. **Bruno Braga** (com equipe indicada no início do projeto).
Formado em Arquitetura e Urbanismo pela Universidade Federal do Ceará (UFC), em 2008, recebeu a distinção acadêmica Magna Cum Laude. É sócio-fundador do escritório Rede Arquitetos. Dentre suas premiações, destacam-se: 1º lugar no Prêmio Caixa/IAB 2008-2009, com o *Projeto de Requalificação da Favela Verdes Mares*, em Fortaleza; Menção Honrosa no IV Prêmio IAB de Arquitetura, com o projeto da *Casa Guaramiranga*; Menção Honrosa no *Concurso Público Nacional de Estudos Preliminares de Arquitetura Casa PVC*, promovido pela Braskem SA e o IAB-AL. Desde 2013, é professor substituto de Projeto Arquitetônico do Curso de Arquitetura e Urbanismo da UFC. É um dos idealizadores do *Fórum Jovens Arquitetos Latino-americanos*.
E-mail: < brunobragaarq@gmail.com >

2. **Eduardo Henrique Omena Bastos**
Formado em Arquitetura e Urbanismo pela Universidade Federal de Alagoas (UFAL), em 1986. É proprietário de um escritório que desenvolve projetos nas áreas: residencial, de saúde, de educação e comercial. É, além disso, professor do Curso de Design de Interiores do Instituto Federal de Alagoas (IFAL) e ex-professor do curso de Arquitetura e Urbanismo – Cesmac. Possui também pós-graduação em Design Estratégico e ministrou vários cursos e palestras na área de Desenho e Expressão Gráfica
E-mail: < ehobastos@hotmail.com >

3. Fernando Bensabat

Nasci, espantado, em Lisboa, em 31 de março. Graduei-me, livre, em Arquitetura e fui, apaixonado, professor dos Ensinos Médio e Superior. Em 31 anos, escrevi, por prazer, artigos publicados em revistas científicas, inventei projetos e, obstinado, escrevi livros didáticos e fiz traduções. Moro no Recife, desde 2002, por imperiosas razões de amor. É isso que tenciono continuar a fazer nos próximos 50 anos. Em querendo.

E-mail: < fernandobensabat@gmail.com >

4. Beatriz Montenegro (*)

Para Beatriz Montenegro, amar, desenhar e escrever são tão prioritários quanto respirar. É no terraço do seu olhar que o tempo se resolve, passeando, indolente, pelos dias ensolarados do Nordeste, e é no papel em branco que surge a eternidade. Arquiteta, nascida no Recife, presenteada por Deus por ser filha de Iza e Sylvio Montenegro, Beatriz ama o Homem da Alma de Cristal e com ele pretende passar o resto da sua vida.

E-mail: < beatrizbensabat@gmail.com >

5. Carmen Cavalcanti

É arquiteta e urbanista, formada pela Universidade Federal de Pernambuco (UFPE), em 1991, e mestra em Gestão e Políticas Ambientais por essa instituição. Além disso, é consultora em Produção Mais Limpa, CNTL-RS-2001, bem como consultora e instrutora do SEBRAE nas áreas de Sustentabilidade e Identidade Visual.

E-mail: <carmencavalcanti@terra.com.br>

(*) Assina também como Beatriz Bensabat e não tem parentesco com o autor.

1. Projeto coletivo pelos arquitetos: Bruno Braga, Bruno Perdigão, Igor Ribeiro, Epifanio Almeida, Marcelo Bacelar.
Projeto: Casa Guaramiranga

Como nasce uma ideia?
É fundamental levantar todas as questões necessárias para a elaboração da pergunta a ser feita em cada caso específico. O que é tem que ser respondido? Quais essas informações que ainda não são arquitetura, mas que, no final, acaba por ser aquilo que vai gerar o espaço arquitetônico? Basicamente estas perguntas podem ser encontradas em quatro pontos fundamentais: lugar, programa, estrutura, estruturas formais. Nada novo. Tudo, aliás, muito antigo. Tentar convergir todas essas informações especí-ficas em uma síntese formal é o desafio.

INFORMAÇÕES NÃO ESPECÍFICAS   SÍNTESE   CONHECIMENTO ESPECÍFICO
(MATERIAIS DE PROJETO)   ———→ formal   (PROJETO EM SI)

No caso desta casa de serra localizada no município de Guaramiranga, que fica a 865 metros de altitude e a uma distância de 110 km da cidade de Fortaleza, no Ceará, três questões foram fundamentais no processo.
O primeiro aspecto relevante foi justamente seu lugar de implantação. Localizado no alto de um extenso terreno, o local destinado à casa tem uma bela vista, que culmina, na parte inferior, em um riacho rodeado por abundante vegetação. Além disso, o terreno conta com um declive acentu-ado, que foi mantido no projeto.

Os outros dois aspectos fundamentais na formulação da pergunta foram exigências do cliente. Primeiro, foi pedido que se usasse uma pedra existente no terreno, derivada de uma ideia descartada de construção de uma pequena barragem. Segundo, o proprietário informou que, por preocupações com a segurança, seria prudente usar grades nas esquadrias.

LUGAR + MATERIAIS + PROGRAMA
(TERRENO)   (PEDRA)   (GRADE)

Na formulação de uma resposta a esses três problemas centrais, a estratégia foi utilizar a pedra como parede e arrimo, estruturando a casa e dividindo os espaços e níveis, adequando-a, assim, à topografia existente. Dispostas no sentido leste-oeste, essas paredes direcionam todos os ambientes sociais para a vista do riacho e privilegiam a ventilação natural.

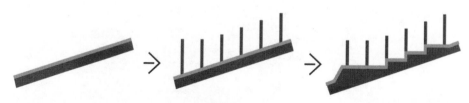

Na questão da segurança, ao invés de enclausurar a casa com grades, o que remeteria a uma prisão domiciliar, optou-se por uma combinação de duas esquadrias: uma de vidro mais interna, possibilitando a total apreensão da natureza ao redor, e outra de madeira, mais externa e sanfonada, possibilitando o fechamento seguro da casa e, ao mesmo tempo, podendo abrir totalmente, liberando as vistas.

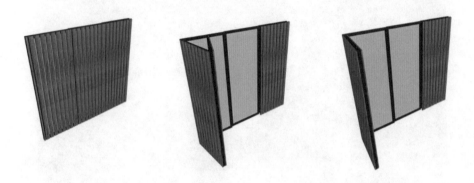

A partir dessas duas decisões estratégicas, o objetivo final foi resolver a casa com o mínimo de elementos possíveis. A coberta de alumínio, que permite uma inclinação discreta, é resolvida em uma água, com inclinação para a frente da casa, e colocada entre os muros de pedra. Estes, por sua vez, são ligados por vigas de concreto aparente, fazendo o contraventamento entre os planos. A parte mais alta do terreno, por fim, foi escolhida para a implantação de uma área de convivência, possibilitando vistas desimpedidas para a parte inferior do terreno.

Planta de situação

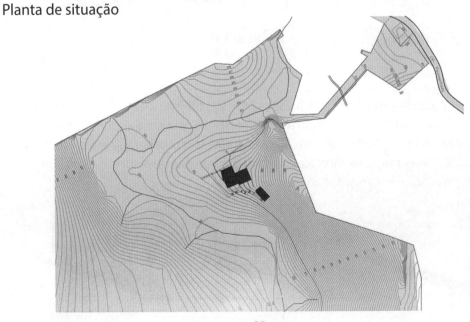

Planta baixa

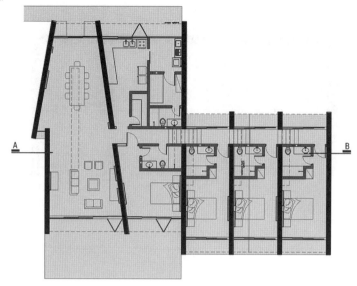

Corte AB

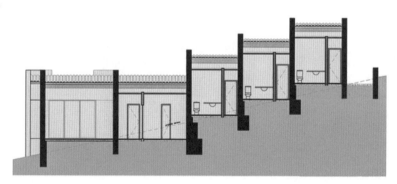

Fachada

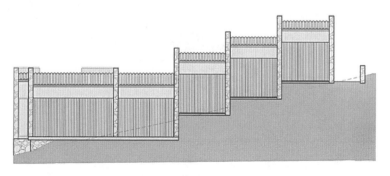

Planta do espaço de convivência

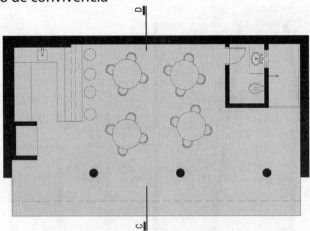

Corte CD

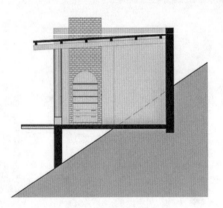

Croqui de estudo: Bruno Braga

Maquete física: Giulianne Fernandes

Outros ângulos

2. Arquiteto: Eduardo Bastos
Projeto: Residência de Inácio e Gabriela Aldebaran em um condomínio de alto padrão em Maceió – Alagoas

Estudo de implantação e síntese morfológica

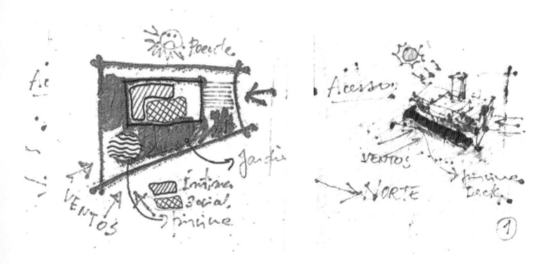

Zoneamento de funções

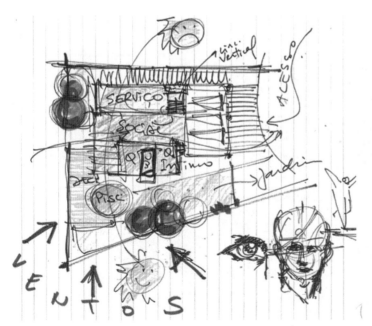

Os primeiros traços dão ideia de que áreas vão ficar onde, suas ligações, o aproveitamento da ventilação e da insolação, a definição de acessos. É uma síntese, ponto de partida para o projeto que logo começará a ser criado.

Aproximação (preliminar) da forma plástica

Detalhe da varanda da suíte – Pavimento Superior

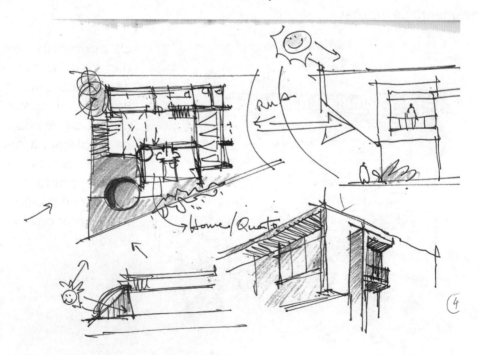

Concepção de fachada: outra abordagem

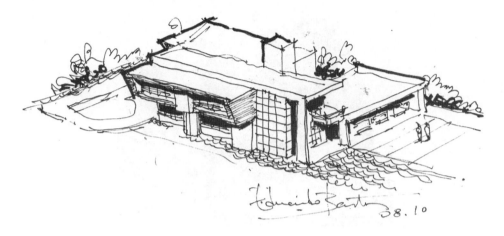

Forma mais aproximada da solução definitiva

Fotos da maquete

Desenhos

Maquete

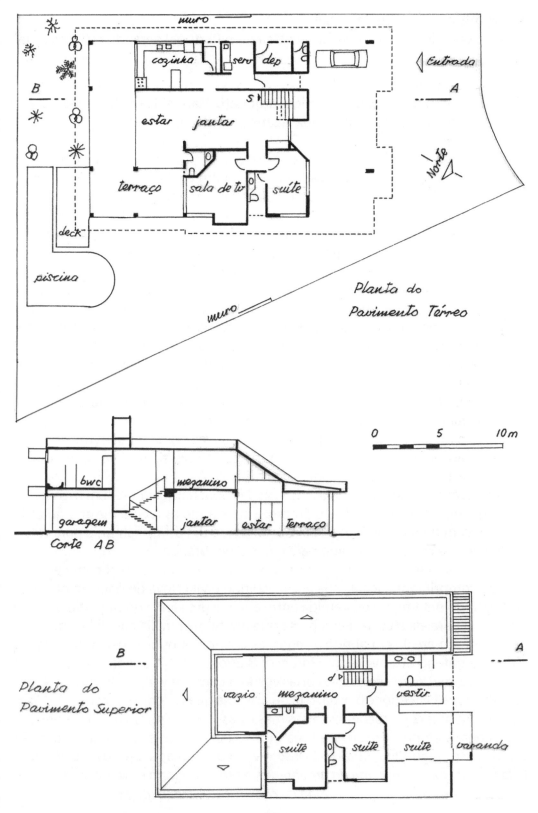

muro

cozinha   serv dep   Entrada

B   A

estar   jantar

Norte

terraço   sala de ti   suíte

deck

piscina   Planta do
                           Pavimento Térreo

muro

0   5   10 m

bwc   mezanino

garagem   jantar   estar Terraço

Corte AB

B   A

Planta do   vazio mezanino   vestir
Pavimento Superior

suíte   suíte suíte varanda

3. Arquiteto: Fernando Bensabat
Projeto: Revitalização de uma faixa costeira em Portugal gerando espaços orga-nizados

"Queres entrar num concurso?"
Foi assim que o meu colega e Amigo, arquiteto Manuel Lacerda de Matos, me arrastou para um concurso pelo qual acabei por me apaixonar.
"Um concurso?"
"Sim, um concurso de ideias para a revitalização de uma faixa costeira com cerca de 3km de comprimento, localizada entre Espinho e Vila Nova de Gaia. Vou ler. Ouve bem. *A intervenção que se deseja deve favorecer a proteção ambiental e a valorização paisagística das zonas costeiras, enquadrando a sustentabilidade e a qualificação das atividades econômicas.* Blá, blá, blá, *projetos de requalificação...* Blá, blá... Ah, temos aqui uma típica de burocrata, ouve só: *há uma ténue linha que separa um bom plano dum mau plano: a sua exequibilidade.* Eh, eh... Continuando. *As zonas costeiras assumem uma importância estratégica em termos ambientais, econômicos, sociais, culturais e recreativos, concentrando cerca de 3/4 da popula-ção e contribuindo com 85% do PIB. A atratividade intrínseca do litoral e consequen-te aumento da procura para diferentes usos e ocupações, justifica plenamente o desenvolvimento de medidas específicas que fomentem o aproveitamento das suas potencialidades, designadamente através de um conjunto de ações de valorização dos seus recursos socioeconômicos, contribuindo, de uma forma geral, para a me-lhoria da qualidade de vida das populações.* E então?"
"Mas isso não diz nada... O que quer dizer que talvez possa ser divertido..."
De facto, ao princípio, parecia apenas uma coisa divertida. Além do mais, um concurso é a melhor oportunidade para limpar e pôr a trabalhar as lapiseiras e as canetas, tanto as físicas quanto as mentais. Embora haja (sempre) um menu, não há ninguém espreitando sobre o ombro e policiando as ideias, mesmo quando elas parecem demasiado loucas. Por outro lado, é um ótimo estímulo para soltar a adrenalina e correr desatinado para o papel em branco.
O que se pedia era a revitalização de uma faixa costeira de areal com cerca de 3km de comprimento, localizada entre Espinho e Vila Nova de Gaia, no norte de Portugal, violentamente espremida entre o mar e uma linha de caminho de ferro que corria paralela à costa. Percebe-se que nenhuma família com filhos gostaria de ir para um areal sem abrigos, vendo as crianças a brincar perto de uma via férrea de tráfego razoavelmente intenso. O ano era 1983, a febre de concursos estava alta, mas nem sempre as coisas corriam como deveriam. No caso presen-te, não houve vencedor e o espaço ficou até hoje quase como estava então. Fize-ram-se algumas construções esparsas mas estas nunca visaram uma intervenção unificadora que proporcionasse uma individualidade pela qual aquela área se distinguisse. Segundo a Memória Descritiva, o projeto aqui proposto *enveredou pela poesia, forma suprema da arquitetura, e sendo honesto e exequível, assumiu--se como uma narração emocionada da construção de uma utopia.*

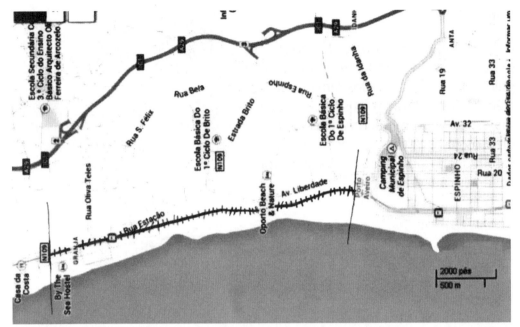

Para efeito de uma leitura mais detalhada da proposta, consideramos o espaço estruturado segundo três zonas: a Zona Norte ou Zona do Solarium, a Zona Central ou Zona das Piscinas e a Zona Sul ou Zona da Praça das Colunas.

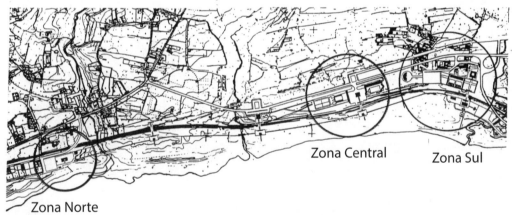

As três zonas consideradas

Estabelecemos cinco parâmetros orientadores de toda a intervenção:
1. Desvio da linha mais forte de trânsito automóvel para um corredor interior;
2. Definição de um percurso pedonal, implantado no areal, com abrigos cobertos;
3. Implantação de equipamentos urbanos com capacidade de retenção de usuários;
4. Implantação de passagens desniveladas para pedestres, para passar a linha férrea;
5. Arborização intensa de toda a área.

Zona Norte

O Solarium, colado à pele do terreno, espraia-se em fitas ondulantes de cabines pelos socalcos modelados. Um pouco mais além, largos terraços suspensos, buliçosas esplanadas, pequenas lojas de breves objetos multicolores, quiosques esquivos recolhidos à sombra densa da sua própria cobertura quadrada...

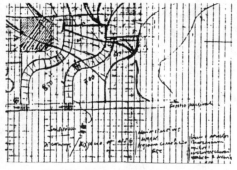

Solarium em socalcos

Largos terraços suspensos

O quiosque

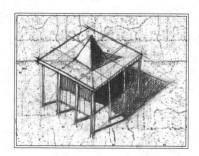

Áreas de comércio e lazer

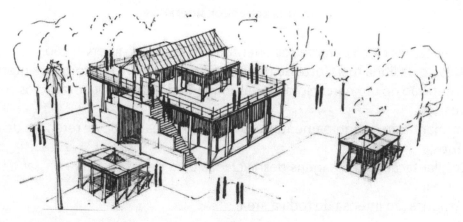

Afastando-nos das tranquilas sombras da superfície irregular das copas que se tocam, encontramos o percurso longilíneo do passeio pela praia, recolhido, aqui e além, em abrigos quadrangulares, armados de eixos provocantemente retilíneos, esporões agu-çados que se confrontam com a água.

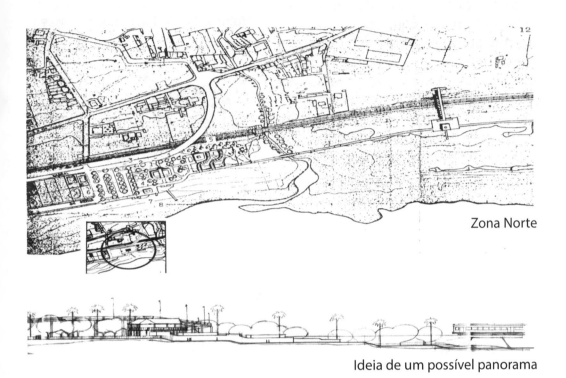

Zona Norte

Ideia de um possível panorama

Zona Central

Topologicamente, esta zona desenvolve-se através de uma explosão axial ao lon-go de uma fita, marginada a nascente pela estrada e a poente pela linha férrea. Lá estão, uma vez mais os terraços suspensos, abrigando espaços de comércio variado.

Terraços suspensos

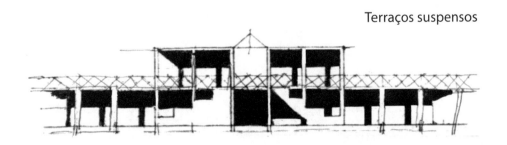

Mais a sul as piscinas, panos de água em permanente diálogo com o Oceano, numa tensão tolerada entre quietude e agitação. As edificações, definidas por formas líquidas e esguias, aparecem inesperadamente como prolongamentos que despontam de sólidas construções retilíneas. As palmeiras longiformes pontuam, num ritmo discreto, todo o espaço, emprestando-lhe o seu murmúrio vertical. Ali predominam os sons do silêncio: o sussurro da folhagem e o leve marulhar das ondas acasalando com a areia.

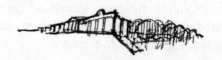

Volumes do edifício das piscinas

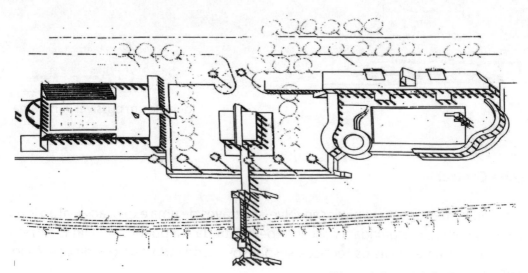

Disposição axial da Zona Central

Ideia de um possível panorama

Zona Sul

De toda a faixa costeira intervencionada, a zona Sul é a área que se encontra mais próxima de uma malha urbana, a de Espinho, o que lhe confere uma presumível maior taxa de uso. Daí o maior cuidado em lhe dedicar um tratamento simultaneamente mais cuidadoso e provocante

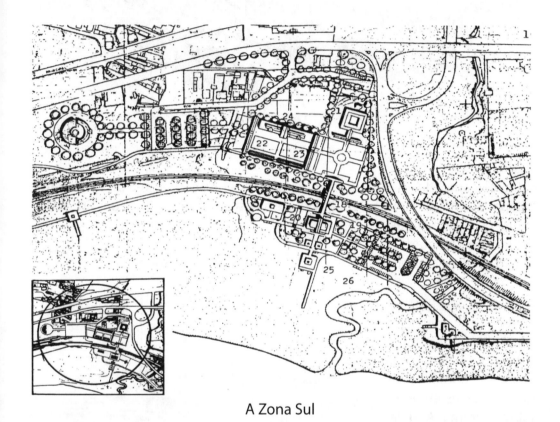

A Zona Sul

Num espaço que se pretende exuberante e discreto, vas edificações reproduzem incessantemente o mesmo espírito: colunatas de pilotis que sustentam abrigados terraços, oferecendo o convite irrecusável do seu espaço íntimo, pequenos quiosques salpicados de forma imprevisível ao longo dos percursos e, por fim, a grande ponte de brinquedo, âncora forte e transparente que agarra o espaço e o subjuga.

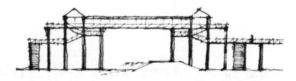

A ponte forte e transparente

Sob o murmúrio vertical das palmeiras

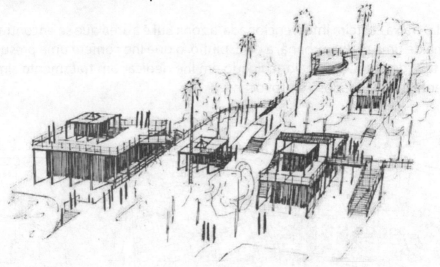

Enfim cercada, a linha férrea confronta-se, a poente, com a área de água e areia, equipada com serviços de lazer e apoio, e a nascente com edificações articuladas em torno da Praça das Colunas (o Quadrado), sediando outro tipo de funções de natureza cultural e desportiva (quadras de jogos e um anfiteatro) amparadas por restaurantes, pequeno comércio e esplanadas estendidas sobre a grama. A ideia base da Zona Sul é a que se manifestou na intervenção em toda a faixa costeira: promover a diversidade dentro de uma unidade rigorosa protegida pela textura doce das ramagens.

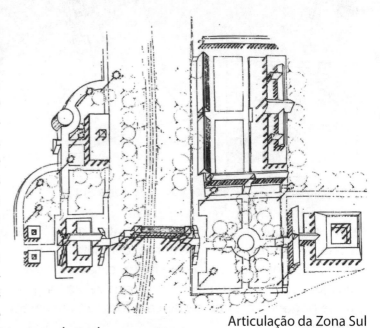

Articulação da Zona Sul

Ideia de um possível panorama

4. Arquiteta: Beatriz Montenegro
Projeto: Edifício para salas de aula

Em 2005, o projeto de uma edificação para salas de aulas foi, para mim, um evento importante, pois seria o núcleo gerador da expansão da Unidade Acadêmica de Garanhuns, da Universidade Federal Rural de Pernambuco. Para a elaboração desse trabalho, pude contar com preciosa consultoria do arquiteto e professor Fernando Bensabat.

Como o próprio tema do projeto indica, no programa arquitetônico que me foi fornecido constava, além das salas de aulas propriamente ditas, uma recepção com secretaria em anexo, um *foyer* com ambientes de serviço (cantina e sala de reprodução), de baterias de sanitários e de sala para seminários.

O partido adotado consistiu em uma conjunção de formas lineares e simples, visto que, enquanto obra pública, era necessário atenção aos custos, sem menosprezar, porém, o funcionalismo e a beleza do prédio. Ainda assim, tentei dar a ele uma dignidade e um aspecto que correspondessem ao seu significado social.

Locação dos edifícios

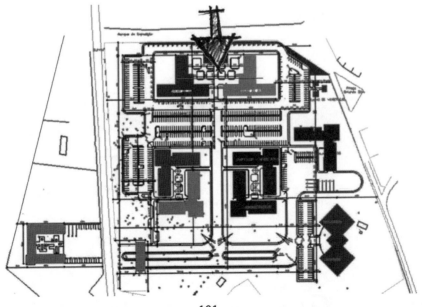

As condições climáticas do local exigiram uma preocupação com as temperaturas anuais variáveis e a incidência dos raios solares. A proteção externa com quebra-sóis (brises), por sua vez, foi utilizada como forma de minimizar a incidência direta do sol nos grandes planos da fachada, e o peitoril ventilado, criado pelo arquiteto Augusto Reynaldo, também foi um recurso que se adotou no primeiro pavimento.

Procurei criar "surpresas" espaciais e volumétricas.

O tímpano do frontão, que, além de ser um elemento estético, possui a função de marcar o acesso principal

O pé direito duplo do *foyer*

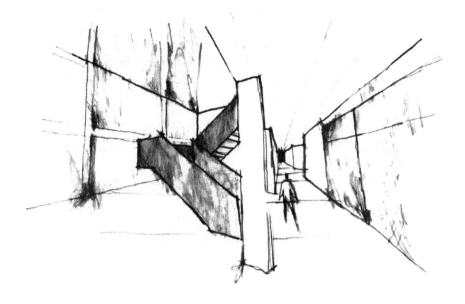

O volume solto da escada, que funciona também como um elemento escultural

O pano de vidro da fachada deste mesmo *foyer*

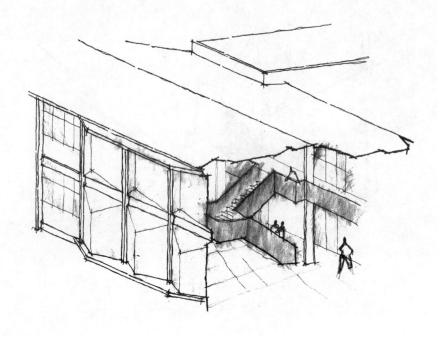

O acesso ao pavimento superior por meio da rampa suave composta por quatro lances e seus patamares

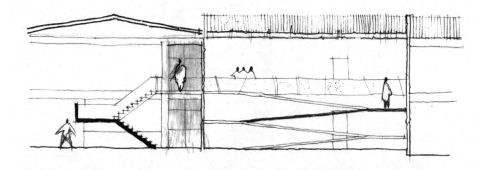

A iluminação da rampa de acesso ao pavimento superior obtida por meio de elegantes seteiras verticais

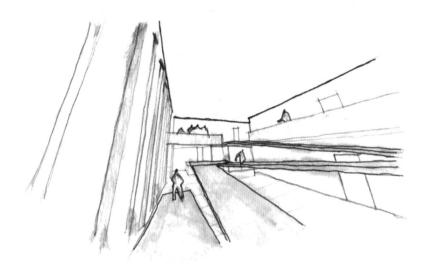

Os desenhos anteriormente apresentados foram elaborados durante a fase de concepção do projeto, fase que gosto de chamar de "projeto em construção", quando as ideias estão confusas, e as imagens do objeto são imprecisas. Nessa etapa, o arquiteto trabalha geralmente com múltiplos croquis ou esboços, muitas vezes incompreensíveis, tão imprecisos quanto as próprias ideias, e são utilizados como meio de comunicação do arquiteto consigo mesmo e como elementos catalisadores para o surgimento e o desenvolvimento de outras ideias. O termo "esboço" se relaciona com esquema, isto é, a representação de uma figura sem detalhes, indicando suas relações e seu funcionamento. O croqui, por sua vez, reúne as características de rapidez de execução, economia de recursos e aspecto sintético. Esse tipo de desenho, que não pretende representar o real absoluto nem atingir ao realismo fotográfico, utiliza os recursos expressivos pertencentes ao processo da representação gráfica, como cores, riscos, manchas, formas, luzes e sombras.

Os croquis anteriormente apresentados deram origem aos desenhos técnicos que são usados para mostrar precisamente todas as características de um edifício aos construtores

A seguir, há uma breve apresentação de algumas peças destes referidos desenhos.

Plantas

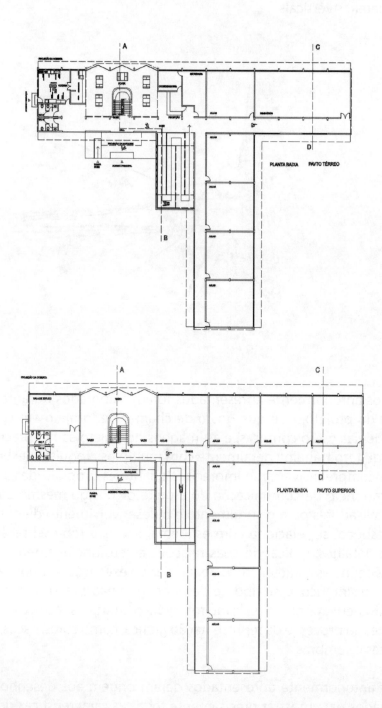

A planta baixa é, ainda hoje, um dos fundamentos da representação arquitetônica e o único instrumento por meio do qual se pode julgar a estrutura completa de uma obra arquitetônica.

Corte e fachadas

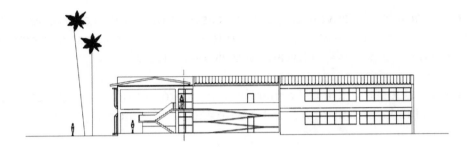

Os cortes podem se apresentar em uma variedade de escalas de acordo com o que se deseja mostrar.

As fachadas apresentam o inconveniente de serem pouco claras no que se refere à volumetria das edificações. No entanto, são os desenhos que melhor identificam o aspecto visual exterior da construção.

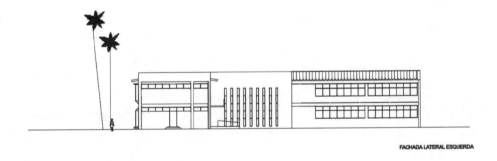

FACHADA LATERAL ESQUERDA

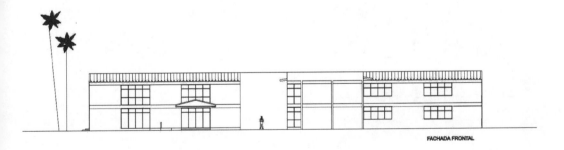

FACHADA FRONTAL

5. Arquiteta: Carmen Cavalcanti
Projeto: Residência de Edeli e Luciano Silva em Tamandaré, Pernambuco

Essa residência foi desenvolvida para um casal de pernambucanos que moram em São Paulo há mais de 30 anos. Eles pretendiam fazer uma casa de veraneio e conseguir atrair os filhos e netos ao convívio desse lazer.

O terreno está localizado à beira mar de Tamandaré, em uma quadra residencial e já bem definida, possui uma área total de 450,00m², sendo 15,00 m de frente e 30,00 de lateral.

Como partido, decidimos manter os recuos de todos os lados do lote, privilegiar as vistas e ventilações predominantes para todos os ambientes, integrar os ambientes sociais e criar pátio interno para inserção de piscina.

Solicitações:

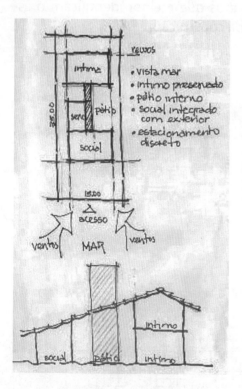

PARTIDO

1. Preservar recuos de todos os lados.
2. Vista para o mar a partir de todos os ambientes.
3. Pátio interno.
4. Área íntima preservada da social.
5. Estacionamento lateral.
6. Recuo frontal igual aos existentes na vizinhança.
7. Área social integrada com o exterior.
8. Orientar para captar melhor ventilação.

Plantas apresentadas no primeiro anteprojeto

Rascunhos elaborados para auxiliar o desenho da perspectiva no *Sketchup*

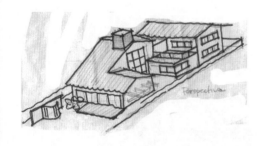

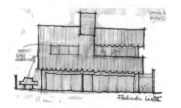

Perspectivas

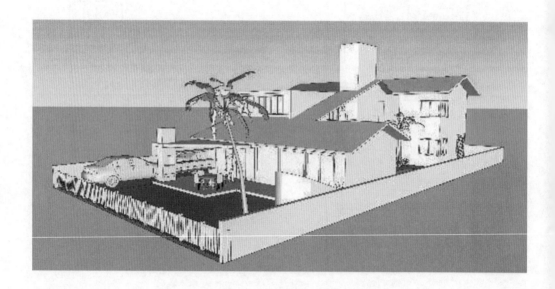

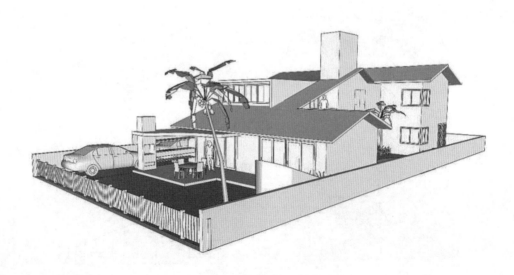

Perspectiva no *SketchUp* da versão final

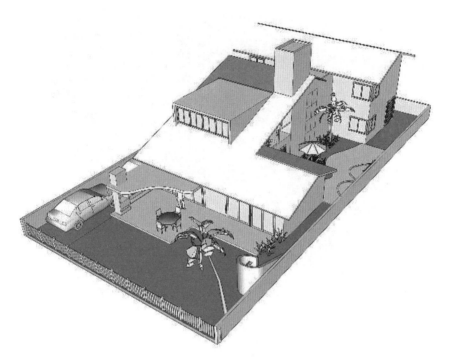

A

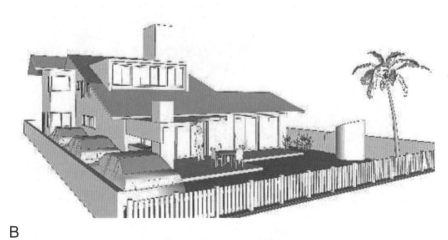

B

Rascunhos de detalhes de fachada

Estudo volumétrico da caixa de escada (testes)

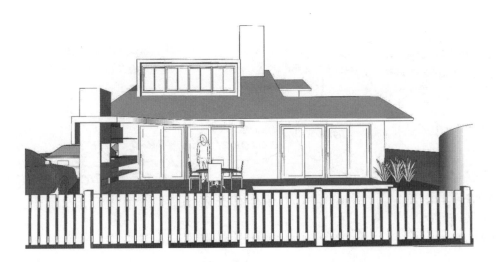

Projeto: a fala e o fato

Capítulo 4

Ao iniciar

o ensino de projeto

devem-se considerar

as diferenças individuais, sem modificar os valores das pessoas,...

... e aceitar que não existe um MESTRE (con)SAGRADO...

... que seja dotado de MÍSTICA ESPECIAL.

O ensino e aprendizagem de projeto é um

CORPO DE INFORMAÇÃO

que pode ser aprendido,...

...é lógico...

...e racional; portanto, pode ser discutido... RACIONALMENTE.

Existem aspectos INTUITIVOS no projeto.

A intuição é um jogo de HABILIDADES e de CONHECIMENTOS.

Num projeto podem atuar quase 5.000 variáveis.

114

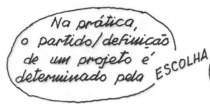 Na prática, o partido/definição de um projeto é determinado pela ESCOLHA  deliberada ou intuitiva de até DEZ VARIÁVEIS; às vezes, 5 e, em outros casos, 15 ou mais.

O início do projeto é um esforço AMBÍGUO e CONFUSO.

Começar com MODELOS/ESBOÇOS é adequado, pois eles são MAIS SIMPLES e mais assimiláveis, embora haja perda de parte dos princípios, atividades e valores.

A compreensão do todo fica sacrificada TEMPORARIAMENTE em benefício da CONSISTÊNCIA e da CLAREZA.

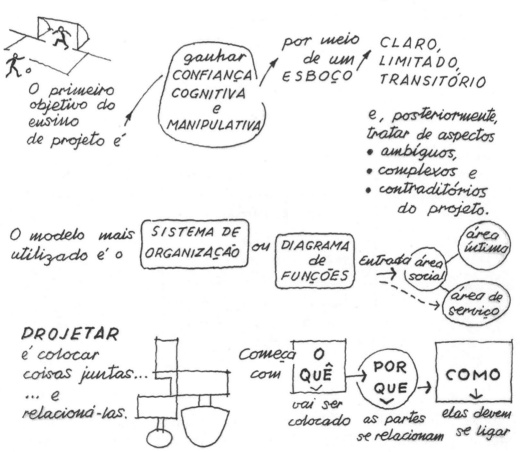

O primeiro objetivo do ensino de projeto é ganhar CONFIANÇA COGNITIVA e MANIPULATIVA por meio de um ESBOÇO CLARO, LIMITADO, TRANSITÓRIO

e, posteriormente, tratar de aspectos
• ambíguos,
• complexos e
• contraditórios do projeto.

O modelo mais utilizado é o SISTEMA DE ORGANIZAÇÃO ou DIAGRAMA de FUNÇÕES Entrada área social área íntima área de serviço

PROJETAR é colocar coisas juntas... ... e relacioná-las.

Começa com O QUÊ vai ser colocado → POR QUE as partes se relacionam → COMO elas devem se ligar

O diagrama → (de funcionamento ou fluxograma) faz a ponte entre ENSINO/APRENDIZAGEM e METODOLOGIA do PROJETO

METODOLOGIA do projeto é o esqueleto que se leva de uma disciplina para outra, e, ao sair, leva-se para a vida profissional.

A METODOLOGIA sintetiza o conhecimento e a habilidade que você trás da graduação.

NÃO HÁ REGRAS FIXAS,

...inclusive esta.

Antes do desenho e da construção, o projeto será

comunicado, compreendido e aprovado.

Sua aceitação depende de APRESENTAÇÃO feita com
• DESENHOS
• MAQUETE FÍSICA
• MEIO DIGITAL
• outros meios.

A apresentação ao cliente envolve

• CONHECER O AMBIENTE onde o projeto será exibido,

• ORGANIZAR a sequência da apresentação e

• Evitar a ansiedade de falar ao público.

É irônico que o arquiteto gaste tanto tempo em coletar dados, projetar, desenhar, fazer maquete e gráficos e NÃO PLANEJE sua comunicação. Esquece-se de que é ela que pode definir a aceitação do projeto.

116

A literatura sobre Criatividade é, em grande parte, voltada para a autoajuda. Contudo, vale conhecer como se supõe hoje que nosso cérebro funcione.

É contraditório que o arquiteto CRIE projetos e jamais estude a criatividade; daí resulta que não há trabalhos sobre esse assunto no Projeto Arquitetônico. Na p. 17, foram citados dois autores que merecem ser lidos e, deixando de lado a modéstia, há também o livro *A Invenção do Projeto*, de Gildo Montenegro, que trata da criatividade na área gráfica e plástica. Os principais objetivos dessa leitura podem ser assim listados:

1. Criar ou utilizar conceitos novos.
2. Identificar técnicas novas aplicáveis ao projeto.
3. Ligar a tradição ao novo.

AVALIAR A CRIATIVIDADE

1. O que é criativo para o leigo pode não ser para o projetista, ou vice-versa.
2. A pressão para fazer diferente é equívoco comum.
3. A FORMA da edificação é onde mais aparece a criatividade; contudo, ela pode ocorrer no programa, na função, nos espaços, na geometria, na vedação, no contexto.
4. O esforço para ser criativo deve voltar-se para a análise do problema e a busca de combinações e de resultados.

ORGANIZAÇÃO É FUNDAMENTAL

1. Definir objetivo(s) do cliente.
2. Estabelecer focos/alvos do projeto:
   - metas e tarefas da edificação;
   - definir prioridades no funcionamento;
   - separar e agrupar atividades;
   - definir circulações;
   - definir sistema estrutural, envoltório, vedação e fenestração.
3. Preparar projeto visual dos ambientes e sua sinalização gráfica.
4. Selecionar mobiliário e equipamentos.
5. Fazer o detalhamento da construção.

TROPEÇOS EVITÁVEIS
Problemas que surgem quando o bom senso fica à margem

1. O projeto é mais caro do que o orçamento do cliente.
2. Atividades incompatíveis são agrupadas em espaços vizinhos.
3. O traçado não permite o uso eficiente dos espaços.
4. As áreas são grandes ou pequenas demais.
5. O mobiliário/equipamento não cabe nos espaços previstos.
6. O mobiliário excessivo ou escasso para os espaços.
7. O projeto não prevê futuro crescimento ou futura mudança.
8. Sistema de refrigeração de ar:
   - mal dimensionado;
   - difícil de operar e de manter;
   - mal localizado;
   - sem alternativa para ventilação natural em emergências.
9. Há uso inadequado do vidro.
10. Há fontes de luz insuficientes ou superdimensionadas.
11. Existem instalações de segurança inadequadas.
12. Há má colocação de controles elétricos.
13. Não seguir recomendações técnicas ou código de obras.
14. Há acessos e saídas insuficientes ou que obstruem vias existentes.
15. Há danos aos vizinhos por drenagem mal projetada.
16. Ocorreu derrubada de árvores ou inadequada adaptação a características do local (relevo, rochas, riacho, lagoa etc).
17. A drenagem é insuficiente.
18. A localização é inadequada quanto a vistas, ruídos, privacidade, acesso ou segurança.
19. O estacionamento é afastado da entrada.
20. Há perturbação da circulação e de usos locais.
21. Ocorre inadequação à escala local e à imagem.
22. A ambientação externa é inadequada.
23. Há inadequação ao clima e à ecologia local.

O Ateliê do Arquiteto

Capítulo 5

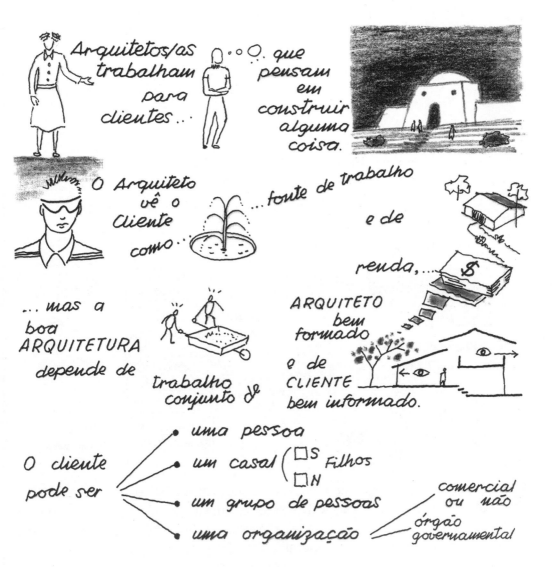

Arquitetos/as trabalham para clientes... que pensam em construir alguma coisa.

O Arquiteto vê o Cliente como... fonte de trabalho e de renda,...

...mas a boa ARQUITETURA depende de trabalho conjunto de ARQUITETO bem formado e de CLIENTE bem informado.

O cliente pode ser
- uma pessoa
- um casal (□S Filhos □N
- um grupo de pessoas
- uma organização — comercial ou não / órgão governamental

Clientes **BONS**

- São simpáticos às ideias do arquiteto, dão a ele liberdade de projetar e gastam no patrocínio artístico.
- São firmes e, algumas vezes, acomodados.
- Não mudam o projeto depois de aprovado.
- Pagam sem discutir e costumam elogiar o projeto.
- Respeitam o arquiteto como artista e aceitam pequenos erros como parte do preço para obter resultados estéticos.

Clientes **DIFÍCEIS**

- Questionam as ideias do arquiteto, o entendimento do programa, os gastos e as tabelas.
- Apegam-se a pequenos lapsos, reclamam das despesas e demoram a decidir.
- Angustiam-se ante cada problema do projeto e dizem que o arquiteto gera muitas alternativas até definir uma.
- Modificam o projeto ou discordam da opinião do arquiteto.
- Queixam-se de tão poucos desenhos custarem tão caro.
- Acham o arquiteto necessário, embora criador de serviços custosos, insensível a aspectos práticos, descuidado, egoísta e, às vezes, incompetente.

A maioria dos clientes tem contato com arquiteto apenas uma vez na vida. Assim, esta rara experiência pesa muito na percepção de como os(as) arquitetos(as) são e pode tornar o cliente ora adepto, ora desconfiado ou cético, ora até descrente da atuação do arquiteto.

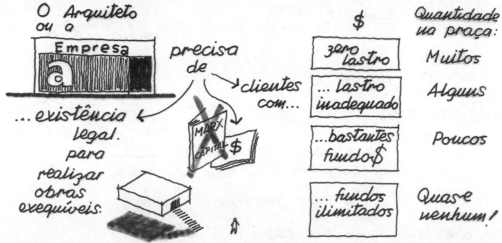

A página seguinte apresenta uma série de serviços que são realizados no decorrer de um projeto e sua construção. Este modelo é uma amostra do que ocorre desde o esboço até a conclusão do projeto, e cada arquiteto(a) poderá elaborar modelos específicos, mais simples ou mais detalhados, em quase infinitas variações.

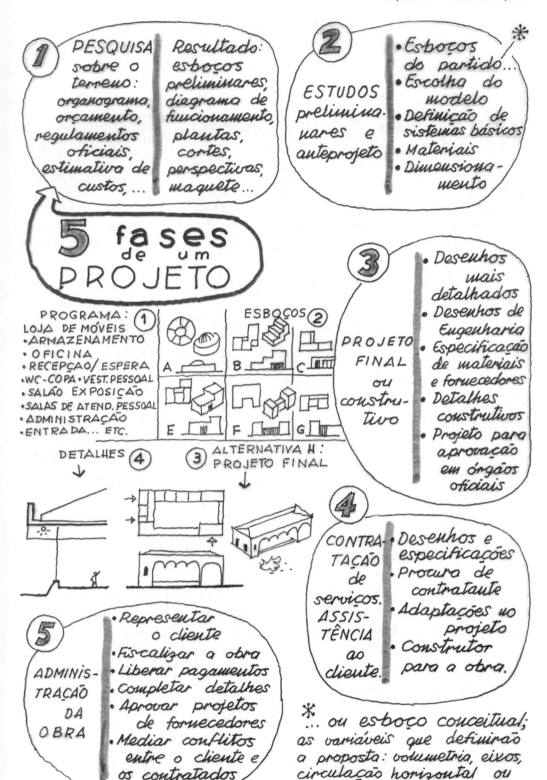

1 PESQUISA sobre o terreno: organograma, orçamento, regulamentos oficiais, estimativa de custos, ...

Resultado: esboços preliminares, diagrama de funcionamento, plantas, cortes, perspectivas, maquete...

2 ESTUDOS preliminuares e anteprojeto
• Esboços do partido... ✳
• Escolha do modelo
• Definição de sistemas básicos
• Materiais
• Dimensiona-mento

5 fases de um PROJETO

PROGRAMA: ①
LOJA DE MÓVEIS
• ARMAZENAMENTO
• OFICINA
• RECEPÇÃO/ESPERA
• WC-COPA • VEST. PESSOAL
• SALÃO EXPOSIÇÃO
• SALAS DE ATEND. PESSOAL
• ADMINISTRAÇÃO
• ENTRADA... ETC.

ESBOÇOS ②

A B C
E F G

DETALHES ④

③ ALTERNATIVA H: PROJETO FINAL

3 PROJETO FINAL ou constru-tivo
• Desenhos mais detalhados
• Desenhos de Engenharia
• Especificação de materiais e fornecedores
• Detalhes construtivos
• Projeto para aprovação em órgãos oficiais

4 CONTRA-TAÇÃO de serviços. ASSIS-TÊNCIA ao cliente.
• Desenhos e especificações
• Procura de contrataute
• Adaptações no projeto
• Construtor para a obra.

5 ADMINIS-TRAÇÃO DA OBRA
• Representar o cliente
• Fiscalizar a obra
• Liberar pagamentos
• Completar detalhes
• Aprovar projetos de fornecedores
• Mediar conflitos entre o cliente e os contratados

✳ ... ou esboço conceitual; as variáveis que definirão a proposta: volumetria, eixos, circulação horizontal ou vertical, ventilação, custos, ...

No ateliê, o arquiteto realiza, resumidamente, três atividades: projeta, gerencia e fiscaliza. O gráfico a seguir detalha O QUE SE FAZ e COMO é feita cada uma delas.

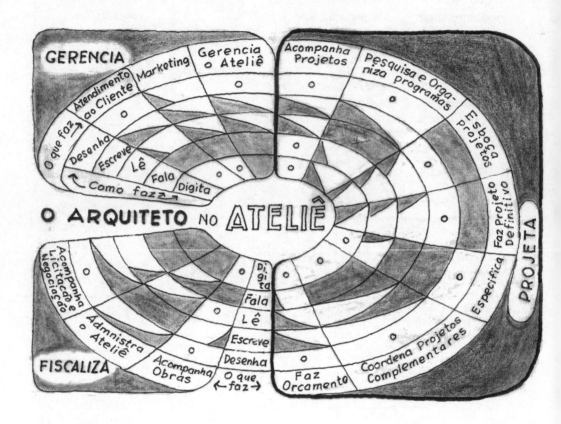

O ATELIÊ NO FUTURO

O dom da profecia é dado a raras pessoas. Percebe-se, no entanto, que a atividade do(a) arquiteto(a), por sua complexidade, tende a envolver diferentes setores, cada um deles com especializações próprias. Assim, cada vez mais, o(a) arquiteto(a) tende a ser um COORDENADOR de equipes. Isso exige preparo excepcional e bastante diversificado para o gerenciamento de pessoas, de atividades profissionais e de processos multidisciplinares.

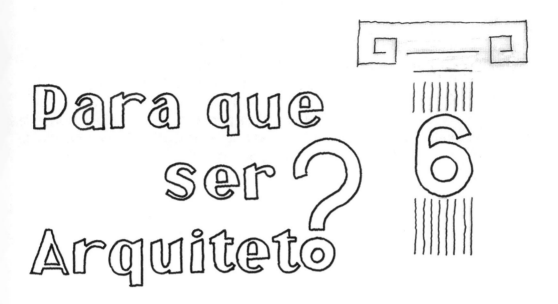

Para que ser Arquiteto? 6

Quem opta por esta profissão está em busca de...

1. FAZER O QUE GOSTA

As pessoas que optam por esta resposta sequer irão ler o restante do capítulo. Elas são do tipo intuitivo, sabem o que querem e do que gostam, porém não sabem explicar o motivo. E nem precisam.

2. DINHEIRO

Desde criança ouve-se falar disso. A remuneração desse profissional vai de um baixo até um alto salário. Por conseguinte, há arquitetos com diferentes padrões de vida, inclusive os ricos, que são exceção. Esse profissional começa, muitas vezes, como estagiário, depois colaborador e, eventualmente, sócio. Grandes firmas pagam razoavelmente bem, embora pequenos escritórios possam competir com elas nesse aspecto.

No entanto, a remuneração não deveria ser decisiva para a escolha dessa profissão: ter ganhos elevados implica despesas de viagens, coleções de arte, vida social ativa, congressos, feiras etc. O ideal é fazer arquitetura sem precisar dela, como *hobby*. Nada fácil!

Há quem junte o ensino com o trabalho e quem se dedique à construção.

3. *STATUS*

É uma difusa percepção que se associa à alta hierarquia financeira em um setor. A sociedade pressupõe que arquitetos são educados e têm boa percepção estética e técnica. As pessoas ignoram, contudo, como esse profissional atua, embora acreditem que ele faz projetos monumentais para clientes ricos. Segundo essa ótica, o arquiteto pouco se relaciona com as classes de C a E, pois vive cercado de pessoas ricas, influentes e ditas educadas, pois isso atende ao ego inflado e aos "grupinhos", "panelinhas" e "aquários".

Em outras épocas e outros lugares, o arquiteto convivia com os donos do poder, e, ainda hoje, há locais onde ele é respeitado, e não falta quem tenha o sonho de seguir essa carreira.

4. FAMA

É uma sedução que pode vir sem riqueza, sendo que o reconhecimento público pode ser um fim em si mesmo. As pessoas citam um ou dois arquitetos famosos, ligando-os a algo excepcional que fizeram, que o público viu e julgou de modo favorável.

É preciso ressaltar, no entanto, que o arquiteto se torna famoso gradualmente, subindo degraus por refinar e variar seus projetos, embora a maioria não inove continuamente em todos eles.

Fama e reconhecimento decorrem de publicidade do que o arquiteto faz, escreve ou diz; não basta projetar e construir; é essencial obter prêmios e honrarias, além de fazê-los aparecer na mídia. Isso significa apoiar e ser apoiado, bem como fazer conferências e atuar em concursos, eventos e comitês.

A notoriedade pode se tornar um fim em si mesmo e tende a virar um *show* público. Não se deve esquecer, assim, que ser famoso é uma espécie de validação do sucesso e da saída do anonimato. Há o "efeito colateral": mais clientes e serviços! Assim, a fama é um bom negócio.

5. IMORTALIDADE

A fama costuma ser fugaz de modo que a perpetuação do trabalho do profissional pode vir de edificações duradouras, como um túmulo, mas o arquiteto tem a opção de ser lembrado pelo que projetou e pelo que foi construído. Ainda que o nome do autor seja esquecido, a obra fica de pé; vaidade ou não, essa busca da imortalidade raramente é partilhada pelo cliente e pelo construtor.

6. CONTRIBUIÇÃO À CULTURA

A História da Arquitetura está associada à civilização desde tempos remotos. O Egito, por exemplo, é lembrado por suas pirâmides; a Grécia levantou templos; na Idade Média, ergueram-se catedrais; o homem pré-histórico enfeitou grutas com belas pinturas. Nem todo projeto arquitetônico é uma contribuição à cultura, mas o arquiteto pode propor mudanças culturais ou tecnológicas, e seu papel inovador pode fazer a diferença para as transformações nessas esferas.

7. ENSINO

O arquiteto costuma prestar serviços a indivíduos ou empresas, porém uma parte deles atende o serviço publico ou social. A criação de um ambiente pode melhorar o padrão de vida de pessoas, modificar seu comportamento ou trazer uma sensação de bem-estar, mas raras vezes o arquiteto irá escutar a satisfação do usuário. Por isso, é bom que ele esteja consciente dessa realidade.

A contribuição do arquiteto vai além do projeto de prédios quando ele atua em organização de ajuda à comunidade ou na preservação de edifícios ou da vizinhança. Ademais, essas realizações valorizam seu trabalho e têm o dom de inflar o ego.

Ensinar envolve DAR aulas, ainda que com pouco retorno financeiro. Então, o professor/arquiteto é movido pela satisfação de repassar conhecimentos, de pesquisar, de transmitir e discutir ideias novas, de incentivar pessoas. Talvez a maior retribuição desse profissional seja ver ex-alunos(as) seguirem seus passos ou ouvir, um dia, um(a) deles(as) dizer que aquilo que ensinou foi inspirador e útil.

8. CRIATIVIDADE

Outro motivo grato ao(à) arquiteto(a) é a realização intelectual e emocional que vem da criatividade. Ter sua obra contemplada, como ocorre na pintura, na escultura ou na música, é um momento de pura alegria!

A excitação do projeto só encontra paralelo em sua realização. Ver um projeto construído, aquilo que foi laboriosamente concebido no papel e está agora erguido, é uma fabulosa sensação emocional e intelectual.

A criatividade extrapola a Arte. A mente criativa vai da literatura à tecnologia, da biologia aos brinquedos. Em Arquitetura, ela transparece na concepção de ambientes físicos que funcionam bem e possuem caráter artístico, que servem de abrigo às forças da natureza e que são agradáveis. Então, o desempenho funcional e os objetivos estéticos são um desafio ao(à) arquiteto(a).

Tanto por lidar com muitas variáveis e com conhecimentos de muitas disciplinas quanto por servir a diferentes pessoas, o projeto dá origem a choques desde a sua concepção até a sua construção. Essa situação exige do(a) arquiteto(a) habilidades para resolver problemas, organizar sistemas e abrir caminhos inovadores. Arquitetar é reger um concerto com a mente e o corpo, pois esse ato envolve pensar, visualizar, esboçar, modelar, ver, antecipar, analisar e sintetizar.

As ideias serão comunicadas por desenhos e explicadas verbalmente. Então, que atitudes e habilidades estão envolvidas nesse processo?

9. GOSTAR DE DESENHAR

Esboçar, desenhar, fazer croqui é, para muitos arquitetos, atividade agradável, inconsciente e estimuladora, nunca um desperdício de tempo. Por esse motivo, quem gosta de desenhar À MÃO LIVRE tende a ser arquiteto, e aqueles que acham tedioso ou difícil fazer desenhos devem repensar a escolha dessa profissão.

Desenhar é um recurso gráfico que exige grande concentração e é capaz de dissipar preocupações; é atividade individual, pessoal, idiossincrática, como se diz. O esboço à mão livre ou croqui é uma "escrita" pessoal, ao passo que o desenho técnico é representação exata de coisa real ou projetada. O esboço é espontâneo, livre, plástico, flexível; ele registra informação e, ao mesmo tempo, expressa ideias ou visões e sonhos.

A espetacular comodidade e a velocidade do desenho computacional permitem ao usuário (arquiteto ou não) montar pedaços de projetos alheios de modo similar a um projeto. É uma fraude e um vício(!) que deve ser combatido antes que leve ao descrédito a Arquitetura. Falamos aqui da fase de concepção, do esboço e criação do projeto, pois esta situação muda completamente na fase final (anteprojeto e etapas posteriores) em que já está definido o dimensionamento dos ambientes. Quanto à gráfica computacional, por sua vez, é um formidável ganho no desenho final graças à sua velocidade, comodidade e facilidade de uso.

10. TRAÇOS PESSOAIS

A personalidade é tão decisiva na carreira quanto o são as habilidades e os conhecimentos. Quais traços são adequados à profissão de um(a) arquiteto(a) bem-sucedido(a)?

1. **Autoconfiança.** Acreditar que você é capaz, estar disposto a competir e ter bom desempenho.
2. **Ambição.** Querer realizar e ter sucesso.
3. **Envolvimento.** Engajar-se na tarefa, realizando trabalho pesado.
4. **Recuperação.** Superar contratempos, críticas, falhas, "golpes pelas costas".
5. **Amabilidade.** Ser capaz de aliar-se e de marchar com os outros (que não sejam amigos íntimos), colaborar, participar.
6. **Empatia.** Perceber, compreender e identificar-se com sentimentos alheios ou com as circunstâncias.
7. **Charme e postura.** Portar-se de modo que os outros vejam você como bem--comportado, ponderado, confortável como companhia.

8. **Liderança.** Ser capaz de persuadir e inspirar os outros a segui-lo, a endossar suas propostas e tomar decisões que sejam bem colocadas ou até ineptas.

9. **Coragem.** Aceitar riscos que os outros evitam, experimentar, aventurar-se em terreno desconhecido, perder e ganhar.

10. **Paixão.** Capacidade de ter sentimentos intensos acerca de pessoas, ideias ou coisas… sentimentos facilmente considerados como obsessão.

São os traços de um super-homem ou supermulher! Na prática, basta que o(a) candidato(a) tenha um tanto de cada requisito. O levantamento anterior não é um catálogo das exigências para ser arquiteto(a), mas a ausência de vários deles pode ser fatal para o(a) candidato(a) a exercer essa profissão. Por outro lado, como a previsão do futuro não é ainda ciência exata, pode suceder que uma pessoa de pouco talento e currículo fraco, porém com carisma (digamos, liderança, autoconfiança e charme), se torne um arquiteto bem-sucedido.

11. LIBERDADE PARA SER E FAZER

Como os arquitetos são vistos como criativos e artistas, a sociedade tolera seu comportamento idiossincrático, por exemplo, em trajes, cabelo, óculos e acessórios como *piercing* no pomo de Adão, crenças e falas. Eles são individualistas, não conformistas, críticos, porém tolerados; talvez seja uma espécie de bravata como satisfação do ego para ou por ser único, independente, noticiado e lembrado. No entanto, é bom lembrar que, às vezes, o feitiço vira contra o feiticeiro.

O futuro

O que dizer do futuro? É sempre imprevisível, obviamente; há, no entanto, um conjunto de atitudes e de opções que o arquiteto fez no passado e outras que terá de fazer daqui por diante. De fato, cada vez mais esse profissional terá de assumir a postura de empreendedor, de líder de projetos. Por exemplo:

ATUAÇÃO

... Ter outra visão... um ponto de vista mais amplo da profissão.

PROJETO NÃO TEM REGRAS!

Burocracia não produz; ela retrata a situação.

Temos de REPENSAR a profissão a fim de inovar a própria ARQUITETURA.

O bom projeto é destrutivo, pois derruba o que existia.

Algoritmo funciona em matemática, mas não cabe no projeto.

O bom PROJETO

Ele se enquadra em fases apenas com fins didáticos.

Planeje sua vida. Dirigir é uma coisa; outra é planejar com passos prefixados.

Ele tem
• objetivo claro
• disciplina
• revisão
• correções...

Projeto deve ter prazo final. O grupo se torna mais produtivo quando o limite está próximo.

Ele é o veículo que leva a ideia do conceito para a realidade.

Quando e onde fazer doutorado, onde comprar casa,... Metas dão o sentido de finalidade, sem nos iludirmos, porque o futuro é apenas uma possibilidade.

... com espaço para a criatividade.

Todos amaldiçoam o prazo final.

Permitir que as pessoas errem abre a porta para ideias novas.

Ele tem começo, meio e fim. Há restrições que o prendem ao mundo real.

O lado positivo é que o tempo restrito ativa a criatividade.

ERRE NA PROVA PARA ACERTAR NA OBRA.

É melhor pedir desculpas depois do que requerer permissão antes. Lembra o cowboy que atirava e só depois perguntava...

129

...que abarca problemas complexos.

A arquitetura não se limita à criação escultural,...

...uma vez que alcança processos, serviços, diversão, meios de comunicação, enfim a sociedade.

O arquiteto vira a mesa, sai do ateliê e forma equipe multi-disciplinar...

...que inclua negócios e mercado.

Projeto que dê retorno,

Não é apenas fazer projeto e sim, pensar o projeto.

PROJETO

Isto difere da ideia restrita de edificação;...

..., é pensar (N)o futuro...

...explorar novas e diferentes possibilidades...

Há projetos grandes demais para ficar nas mãos do arquiteto.

... em saúde, educação, negócios.

Na fase inicial (inspiração) atua a equipe pequena, que estabelece o quadro global.

O individualismo fun-cionou com Da Vinci; hoje a complexidade ocorre na maioria dos projetos. Não é que faltem gênios! O proje-tista isolado, a meditar sobre forma e função, cedeu lugar para a equipe multidisciplinar, mais eficiente.

Na fase de implementação entra a grande equipe criativa.

A previsibilidade e a rotina levam ao cansaço e à perda de colaboradores talentosos.

Cada um é ativo em inspi-ração, ideação e implementação.

Uma equipe é mais sábia do que qualquer de seus componentes.

Cada um confia em sua experiência e quer ir além dela.

..., é o arquiteto que estudou Psicologia, o enge-nheiro com experiência de vendas, o artista com mestrado em Administração.

Isto pode significar que a inovação se sobrepõe à eficiência.

...ou seja:
• com qualidade
• com preço compatível
• com bom serviço e produto.

Inovação é uma ideia bem executada.

Quem aceita a fórmula de tentativa e erro se torna produtivo e...

...recusa desistir.

PROJETO, INOVAÇÃO, EFICIÊNCIA

Eficiência no projeto é pensar em ideias novas, é usar os meios digitais para fazer as pessoas crescerem e aprenderem.

O projeto deve se voltar para os desafios da saúde, da educação e da pobreza.

Começar pensando no homem:

O projeto ou serviço satisfaz as necessidades do público alvo?

Ele tem de ser simples, acessível e gerar ideias que produzam impacto...

Ele inspira comportamento que se associa ao projeto ou serviço?

Esta abordagem, se começar a partir das restrições ao projeto, leva a ideias facilmente copiáveis.

...em 3 aspectos:
1. Exequibilidade
2. Viabilidade
3. Necessidade do público.

Focar o projeto em apenas um destes aspectos pode afundar o projeto inteiro.

Se o projeto for previsível, será igualmente copiável.

Nenhuma pesquisa ou algoritmo dirá como ou de onde vai sair o projeto.

É o que se vê ao procurar nosso automóvel no estacionamento:

...todos são muito parecidos...

131

Como tornar a favela um ambiente mais saudável?

Edifícios onde viver e trabalhar com conforto, inclusive visual.

Como tirar a medicina do lado curativo para o preventivo? A obesidade está crescendo; como oferecer lugares para exercícios?

Pensar na saúde do planeta e na do homem; sujeitar a tecnologia e a criatividade à sustentabilidade biológica e econômica.

Como encorajar as crianças a comerem alimentos saudáveis?

Como integrar a juventude à sociedade?

SUGESTÕES e EXEMPLOS

Como melhorar o ambiente (inclusive social) dos idosos?

O projeto pode ajudar na luta contra o crime?

Como fazer casas saudáveis usando material reciclável?

Como melhorar o atendimento à saúde no meio rural e nas favelas?

Como aumentar a produtividade de fazendeiros pobres?

Os coletivos urbanos podem ser adaptados ao clima frio ou quente.

Construções premoldadas se prestam a montagem fácil.

Como capacitar os/as jovens para serem economicamente produtivas/os?

Os bancos ainda necessitam de caixas (gente) pagadores?

NÃO HÁ SUBSTITUTO PARA A OBSERVAÇÃO DIRETA.
(da Toyota)

NÃO MATARÁS AS IDEIAS; CONSTRÓI A DOS OUTROS.
(Anônimo)

As máquinas fazem isso melhor?

O banco informatizado e com celular alterou tudo?

O banco pode atuar no nível emocional? De que modo?

... contudo sem deixar de ser centrado no homem.

É um desafio ao nosso talento e habilidade.

O projeto é voltado para a sociedade,...

... para a vida, para o negócio...

Isto pode ser complicado porque tirar proveito próprio é legítimo, ... desde que não seja o objetivo único.

... sem deixar de lado a inovação e a eficiência.

OS FINS DO PROJETO

Nas áreas de saúde e de ensino o projeto pode ir além do objeto escultural, das capas de revista, dos prêmios.

A chave é PENSAR.

Não convém apegar-se à primeira ideia.

Deixe que outras floresçam e se polinizem,

é realização pessoal...

Construir um projeto inovador é estimulante e gratificante;

...explorando novas possibilidades, outras alternativas...

... que se torna maior quando sai da rotina, do modelo consagrado, porém cansado.

... que levem a vidas mais ricas e significativas e também a negócios lucrativos.

Não se conhece o segredo do sucesso. Mas o do fracasso vem de querer agradar a todo mundo.
J. F. Kennedy, citado de memória

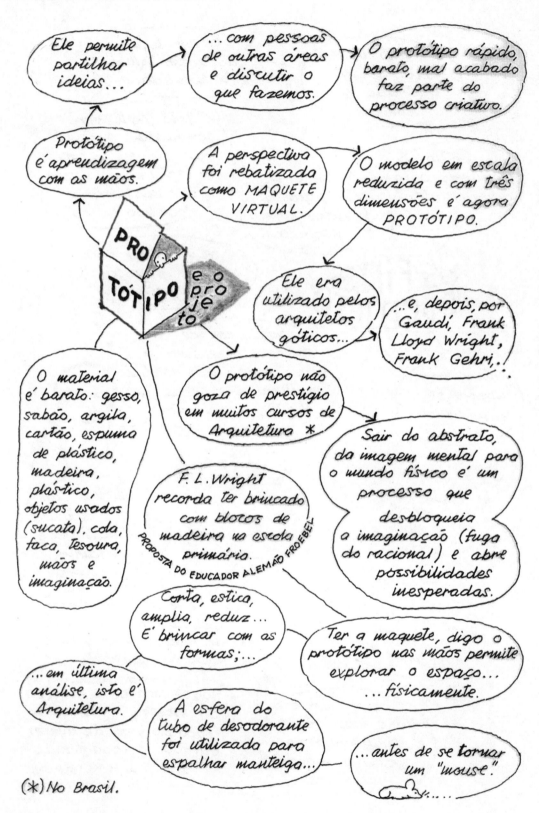

Ele permite partilhar ideias...

...com pessoas de outras áreas e discutir o que fazemos.

O protótipo rápido, barato, mal acabado faz parte do processo criativo.

Protótipo é aprendizagem com as mãos.

A perspectiva foi rebatizada como MAQUETE VIRTUAL.

O modelo em escala reduzida e com três dimensões é agora PROTÓTIPO.

PRO TÓTIPO e o projeto

Ele era utilizado pelos arquitetos góticos...

...e, depois, por Gaudí, Frank Lloyd Wright, Frank Gehri,..

O material é barato: gesso, sabão, argila, cartão, espuma de plástico, madeira, plástico, objetos usados (sucata), cola, faca, tesoura, mãos e imaginação.

O protótipo não goza de prestígio em muitos cursos de Arquitetura *

F. L. Wright recorda ter brincado com blocos de madeira na escola primária.

PROPOSTA DO EDUCADOR ALEMÃO FROEBEL

Sair do abstrato, da imagem mental para o mundo físico é um processo que desbloqueia a imaginação (fuga do racional) e abre possibilidades inesperadas.

Corta, estica, amplia, reduz... É brincar com as formas;...

...em última análise, isto é Arquitetura.

A esfera do tubo de desodorante foi utilizada para espalhar manteiga...

Ter a maquete, digo o protótipo nas mãos permite explorar o espaço... ...fisicamente.

...antes de se tornar um "mouse".

(*) No Brasil.

134

... mas as mudanças na indústria e no comércio...

...exigem equipe interdisciplinar que amplie a força criativa...

... em lugar de reprimí-la;

Sempre haverá lugar para o artista, o artesão, o inventor...

...buscando situações e problemas para resolver e melhorar.

equipe focada em metas, flexível e sensível a oportunidades,...

É HORA DE MU DAR A PRÁTICA DO PROJETO?

Como reavivar um quarteirão no centro histórico?

Como fazer da estação rodoviária um local de encontro agradável?

Muitos projetos ficam na zona de aperfeiçoamento ou de melhoria.

Empregados e gerentes devem experimentar e ensaiar ao vivo.

Administradores não devem se imobilizar ou acomodar.

É hora de pensar ideias revolucionárias,...

Isto envolve:
1. Informar-se sobre o que está em jogo.

2. Reavaliar o sistema, seus fundamentos e os processos que utilizamos para criar coisas novas.

...de modo a não ser surpreendido por competidores audaciosos.

A conservação da energia deve ser vista como investimento, não como sacrifício, como perder peso ou parar de fumar.

Poucos projetos entrarão no mercado, mas os que entrarem poderão ter impacto duradouro.

3. Encorajar as pessoas a apoiarem a sustentabilidade.

 Desenhe o que vê, o que quer explicar, o Q pensou.

 Ludwig Wittgenstein

O esboço dispensa palavras e números, que pertencem ao modo (mundo) racional.

Quer dizer: Esboce o que está na sua frente ou em sua mente.

A revolução da Biotecnologia e da Nanotecnologia NÃO decorreu de pesquisa acadêmica ou de estudo lógico.

São descobertas inovadoras surgidas da **intuição**, ... →

... como a eletrônica brotou da intuição de Einstein, ...

Um projeto começa a partir de imagem mental que dá origem ao esboço; ...

SOMENTE A INTUIÇÃO TEM A CAPACIDADE DE CRIAR. □

... gênio da Física que jamais recebeu o Nobel por sua descoberta.

... ele não usa palavras e números.

Nenhum negócio começa a partir de inspiração e de sentimentos.

Pensamento convergente: dois e um = três

Pensamento divergente:

O desenho vai além, pois revela o lado emocional da IDEIA; contudo, ...

... o mercado se baseia em lógica e em análise e tem regras e retorno.

H   2 vinte e quatro

letra agá

DOIS E UM = SO DEI UM

(as mesmas letras)

II (dois mil)

√⁻ (raiz quadrada)

-2 (menos dois)

Pensamento visual e brainstorming criam alternativas.

Não basta; há que tomar decisões, escolher uma: é hora do pensamento convergente.

Charles Eames criou uma cadeira famosa.

Um curioso perguntou se o projeto havia sido um estalo (insight).

"sim, uma espécie de estalo de trinta anos."

OBSERVAÇÃO
EMPATIA

Observar tem a ver com QUALIDADE, não com quantidade.

Observe as pessoas onde elas vivem, trabalham e se divertem.

Observe o cliente, seus sonhos e desejos para inspirar um projeto específico.

Empatia é ver o mundo pelos olhos do outro, compreender suas experiências, sentir suas emoções,...

...descobrir o que as pessoas querem e dar-lhes isto.

Henry Ford dizia que se perguntasse aos seus clientes o que queriam, a resposta seria: "Um cavalo mais rápido."

Podemos ajudar as pessoas a expressar suas necessidades latentes...

...que elas mesmas não sabem que têm.

Daí saem os "estalos" que inspiram ideias novas.

Entender o que elas NÃO DIZEM e perceber o que elas NÃO FAZEM!

Não se trata de ser contra ou a favor de pessoas ou de grupos e sim, de estar ao seu lado,...

...empatizar o que pensam e agem, antecipar suas necessidades, sem influência da mídia e do mercado.

É comum olhar sem ver, sem atentar para coisas importantes.

Quanto mais familiarizados com a situação, mais a consideramos aceitável.

O bom projetista presta atenção ao usual.

Alguem de fora "vê"... e resolve!

Tenha como regra parar e pensar sobre o usual.

Por que as crianças carregam mochilas para a escola?

Por que o automóvel não tem filtro solar?

Por que os buracos são redondos?

DOCUMENTAR

Fotos de criança são prova de seu crescimento

O arquiteto deve filmar, fotografar, colecionar esboços e maquetes físicas...

...que documentem os avanços e recuos de seus projetos.

...e servirá de lição para outros.

Faça um portfólio. Sua produção gravada será um dia seu orgulho...

Amanhã eles serão úteis.

137

OTIMISMO

é a crença de que as coisas podem ser melhores do que estão.

> Sem isto vem a frustração

> Ouça relatos e histórias.

Otimismo exige confiança...

...e confiança se constrói com fé.

Aceite experimentar.

TALENTO

Quando temos oportunidade ou a criamos, encaramos um desafio...

Quando eles são aplicados, nos sentimos realizados.

...e descobrimos a posse de talentos e habilidades que estavam ocultos.

Como quando chegamos a um bom projeto.

PARTI CIPAR LHAR

A colaboração virtual permite juntar todos em um só "ambiente", tornando o empreendimento criativo e produtivo.

Fazer cada colaborador ou empregado compreender...

...e contribuir para o papel global do empreendimento.

Forma-se uma rede de apoio com lealdade.

Peritos, aficionados e parceiros ajudam fisicamente ou pela Internet.

O consumidor ou o usuário deve ter participação ativa.

Cace o talento. Ele pode estar na sala lá no fundo... Alimente-o, libere-o ...

... ainda que seja do setor de orçamento;

...para fazer o que ele/a sabe; ela fará isso com alegria.

¡9ªdor!

Não há nada tão bom como um inovador com entusiasmo!

Como ela pode ser reinventada para liberar o potencial criativo das pessoas?

Testando ideias, CONSTRUINDO-as com as mãos ou com meios virtuais.

Fazer e brincar são características da criança (e do intuitivo) que se perdem no mundo adulto.

A longo prazo o impacto maior vem da escola.

Perdem-se talentos na massa e em massa.

A escola é focada em pensamento analítico, convergente...

APRENdizAgem

...e os alunos tendem a acreditar que criatividade é dom de uns poucos (loucos...).

Aprendizagem investigativa é procurar o conhecimento em vez de receber a informação pronta.

A escola pode ter espaços móveis, a avaliação sendo irrelevante ou secundária, ...

A escola é um protótipo onde se constrói o processo educacional...

mantenda-a VIVA, enquanto ele/a percorre o processo educacional, ...

...e o currículo estar em mudança permanente.

...que alimenta a criatividade natural da aluno/a...

..."É o saber de experiência feito."

...arrastando consigo a criatividade durante sua vida profissional.

Uma organização que trabalha com **criatividade** deve incentivá-la.

Não é fazer as pessoas "piradas"...

...e sim, deixá-las serem autênticas, do seu jeito, integradas, ...

...explorando alternativas e aceitando riscos.

...saindo da hierarquia e da eficiência, ...

Pode acontecer que o alto escalão fique travado...

... por falta de uma ideia que seja capaz de espalhar-se por si própria.

Comunique sua ideia com simplicidade.

difuSÃO da ideia

Informe o público sobre o valor dela...

... de modo que parte da audiência (filme, palestra etc.) queira "comprá-la."

A publicidade vem através de contar uma história ou de criar mitos.

Um fabricante de pilhas - todas parecidas e esta com mais carga - bancou prêmio para o projeto que fizesse o homem...

... voar com pilhas. A decolagem apareceu na TV de vários países: publicidade gratuita! As vendas subiram 30%.

A essência é contar uma história real, o caso pessoal,...

... contado por protagonista(s).

Ligue seu projeto a caso pessoal ou familiar...

apelando para o lado emotivo.

Acabou-se...
... sem doce...

... um beijo e um abraço!

140

Leituras complementares sobre...

...o cérebro

MACHADO, Luiz. **O cérebro do cérebro**. Rio de Janeiro: Cidade do Cérebro, 1991.

...o projeto na mente ou sobre antropologia cultural

Renzo Piano (PALLASMAA, 2012, p. 72) enfatiza: "A iteração repetida desde o esboço ao desenho dá lugar à construção da maquete e sua verificação e volta ao ponto de partida".

PALLASMAA, Juhani. **La mano que piensa**. Barcelona: Gustavo Gili, 2012.

Frank R. WILSON, Frank R. **La mano**. Barcelona: Tusquets, 2002.

...insolação e ventilação

HOLANDA, Armando de. **Roteiro para construir no Nordeste**. Recife: Editora da Universidade Federal de Pernambuco, 1976.

MONTENEGRO, Gildo. **Ventilação e Cobertas**. São Paulo: Blucher, 1984.

Sobre o autor

Gildo Azevedo Montenegro foi professor nos cursos de Arquitetura e de Design na Universidade Federal de Pernambuco e ministrou cursos em dez estados brasileiros. Graduou-se em Arquitetura e fez especialização em Expressão Gráfica. Tem trabalhos publicados em jornais, congressos científicos e revistas técnicas do Brasil e de Portugal. Sua linha atual de estudos envolve aprendizagem, intuição, criatividade e inteligência. Em 2015, fez parte do Comitê Científico do Geometrias & Graphica 2015, realizado em Portugal, e recebeu da Universidade Mauricio de Nassau a Comenda Mauricio de Nassau por serviços prestados em prol da ciência, da tecnologia e do ensino. Nasceu na Paraíba e reside no Recife com a esposa e uma filha; dois filhos moram fora de casa e outra filha reside no exterior.

GRÁFICA PAYM
Tel. [11] 4392-3344
paym@graficapaym.com.br